轻言
细雨

毛弈羽 著

中国出版集团

现代出版社

图书在版编目（CIP）数据

轻言细雨 / 毛弈羽著. —— 北京：现代出版社，
2015.12
　　ISBN 978-7-5143-4430-1
　　Ⅰ.①轻… Ⅱ.①毛… Ⅲ.①作文 – 小学 – 选集
Ⅳ.①H194.4
　　中国版本图书馆CIP数据核字(2015)第296608号

- -

轻言细雨

作　　者	毛弈羽
责任编辑	陈世忠
出版发行	现代出版社
地　　址	北京市安定门外安华里 504 号
邮政编码	100011
电　　话	010-64267325　010-64245264（兼传真）
网　　址	www.1980xd.com
电子信箱	xiandai@cnpitc.com.cn
印　　刷	成都天金浩印务有限公司
开　　本	787×1092毫米　1/16
印　　张	16.5
字　　数	260千字
版　　次	2016年1月第一版　2016年1月第一次印刷
书　　号	ISBN 978-7-5143-4430-1
定　　价	49.80元

序一

梦若在，心就在

揭晓分

小学六年级的小女生弈羽的《轻言细雨》是一本值得所有孩子和家长认真一读的文集。从这本小作者的文稿中，我们不仅可以感受到童子童声抒发童心流露童趣，更能感受到小作者书写内心情感的真诚皎若明月，细绘外物情景的心绪恬如鹤羽；不仅可以从一篇篇诚于中形于外的文字里读出少女观察生活时独有的眼光、感受生活时真纯的情怀，更能触及到一位优秀的小作者真实的内心、成长的足迹。

阅读弈羽的《轻言细雨》，我的内心流淌着温馨，充溢着欣悦，有如春风拂面，朗日暖心，身心里都跃动着生命与青春的活力与不息的生机。弈羽是国学班的学生，小学尚未毕业，已经在我们博达学校先后跟随荷熙老师和我学习了将近四年的国学经典了。岁月不居，春秋代序，四年一日，不离不弃，弈羽学习国学慎始敬终，认真如一，精诚动容，感人至深。因此阅读她的文集，便平添了一份师生间的深情厚谊和因为了解而独有的亲切与亲近。

我之所以鼎力推荐弈羽的《轻言细雨》，是因为我们从小作者的文章里和成长的心路历程中可以获得很多有益的启迪——

梦若在，心就在。弈羽说自己不知从何时起就爱上了文字，就有了一个文学的美梦，而这个美丽的梦，正是由爱文字、爱阅读、爱思考、爱写作汇集而成。对年幼的弈羽而言，能为之付诸行动、付出心血的梦便是理想和志向，而不仅仅梦想和幻想了。孔子云："知之者不如好之者，好之者不如乐之者。"我想，弈羽的这个文学之梦，便是她静心阅读、潜心思考、用心写作并以此为乐的最大内动力吧！

眼若到，心亦到。小小少年，在紧张的应试学习和繁重的应试压力之下，她其实既没有抛弃也没有忘记对这个世界和人生的观察与思考。弈羽从不人云亦云，她时时都怀着真诚的童心以自己的眼光来观察自己身处的社会，怀着纯真的梦想以自我真心来思考自己正在成长经历的现实世界，用稚嫩而优美的诗一般语言表达自己对流露着美与善的细节的感动和对美好人世的向往。

积若厚，发则易。弈羽的文集很直观地也很有说服力地反映了中小学生写作水平与阅读、与文化经典和生活的感悟积累的正相关关系。弈羽很小就在父母的引领下，不断地阅读、旅行、学习国学经典。刚刚六年级的弈羽，对《论语》《大学》《老子》等诸子经典所学过的章节皆烂熟于胸；几百首学过的《诗经》《楚辞》唐诗、宋词、元曲以及诸如《归去来兮辞》《岳阳楼记》《兰亭集序》《前出师表》《陈情表》《谏太宗十思疏》等优秀古典散文都能够不假思索脱口即出。如此对经典的反复深入的阅读诵记是高质量的阅读，更是以一胜十的阅读，其对学习者的陶冶浸染的作用是不言而喻的。稍微熟悉国学经典作品的人都会从弈羽的文字中感受到作者词汇的丰富多彩运用得当，感受得到文章句式变化的摇曳多姿，感受得到国学经典、诗词文赋对小作者的深刻和广泛的影响。最可贵的是弈羽并没有因为自己积累丰富就生硬地拼凑大家文辞，而是在深厚积累的基础上化为己出，为我所用，以生动的文学语言和丰富多变的修辞表达了在紧张学习之余泛舟文海、弄墨静室、投身青山、涉足绿野的那种深深的欣然、快然与陶然！

弈羽对中华传统文化的真情与热爱出自于对这一灿烂文化的逐步深入的了解与理解。阅读越广，积累越多，理解越深，爱之越切。对国学的理解与深爱，是她孜孜学习的强大内动力。经典的深厚积累，厚厚两本《博达国学》的内容达之于心，藏之于腹，使她学会了思考，擅长于表达。思形于文，表达便自然生动、精准干净、优雅美丽。思之所得，准确表述；内心真情，畅达抒发；以此为文，不亦乐乎！

弈羽的成长是家庭、学校、社会和她本人热爱、用心达成合力的结果。学校语文老师的教育培养、校外培训机构优秀国学写作老师的点拨指导、学习型家庭的浓郁文化氛围的浸润、父母品位气质的言传身教、家长对孩子个性发展的尊重引领以及那感天动地一以贯之的陪伴关爱呵护和严格要求，弈羽的梦想兴趣爱好得到了充分的重视和施展，雏鹰的自由飞翔便有了广阔的天空，幼苗的任性成长便有了肥沃的土壤、充沛的养料和润物无声的阳光雨露。

由此可见，孩子怎样成长，与他儿时的精神食粮密切相关。我想，小弈羽有如此强烈的阅读兴趣，有对生活如此的喜悦和深爱，有如此灵巧真诚的文笔，有如此深重笃厚的感恩之心，能坚持至今学习中华国学，或许都可以追溯到儿时那盛夏凉爽的夜，那阳台微凉的晚风与微明的月色，那母亲日复一日持之不懈收集整理的稚嫩的文稿，以及那远离红尘百千里的白云黄叶蓝天绿枝！

最令我欣慰的也是我最想为读者诸君推荐的就是，当我们读完弈羽的《轻言细雨》后，完全能明显地感受得到小作者观察后的成竹在胸、思考中的怡然自得和创造时的欢天喜地！当孩子们能在一定程度上体悟到文学创作的内心愉悦，而不是把写作完全当成苦不堪言的应对或应试时，我们有什么理由不为之欢欣鼓舞呢？

一名小学生，在当今的应试环境中，能怀揣梦想，挤出时间努力阅读积累提升人文素养，独立思考并自由创作，是一种高瞻远瞩的选择与坚持。我坚信，这样的学生，无论今后选择怎样的职业，她都将在专业的江海上乘风破浪行驶得更远，在事业的天空展翅翱翔飞得更高，在人生的道路上行走得更顺，感受到更多的快乐和幸福！

毛弈羽同学并非神童，她生于斯长于斯的家庭也是一个平凡而普通的家庭。她的成长与进步是她后天努力的必然结果，凝聚着满怀爱心与智慧的父母的心血结晶！读完《轻言细雨》，我由衷地祝福弈羽，并最为真诚地向弈羽的父母和所有关爱帮助过我的学生弈羽的人们致敬！

2015年11月23日 于成都

（备注：本文作者系成都博达教育集团董事长、博达国学教学总监）

序二

别样印象

冯裕敏

毛弈羽其人

有这样一个女孩子，看起来文文静静，初见她的时候甚至没有印象。可是当你读到她的文章时，你怎么都无法和她本人联系起来。她的文字总是在变换着，几日不见，仿佛是另外一个人的文字。

五年级下学期，很多家长夸奖她，说她的文章甚至超越了高中学生的水平，还有家长说她的文字具备大家风范了。

为什么文字会如此独特地在她的生命里舞蹈？每当我在文字里感受到她惊人的变化而无法解释一切的时候，我竟然给了自己一个这样的惊人回应：她的前世一定是一个伟大得不能再伟大的作家了，也许是把前世的文学印迹带到了今世。我的人生观会因为她的文字而改变，居然相信起了前世和今生。

她就是在趣理作文圈子里创造一个又一个奇迹的名人——毛弈羽。

曾记得她两年前来到了三省堂趣理作文班，那时候她上四年级。作为老师我对自己的要求是：三次课认识完所有新生，她是我最后记住的那类学生。因为她不是一个在课堂上侃侃而谈的孩子，写作速度也没有优势，所以在班级里不是那么引人注目。从她在我脑海里烙下印记以后那一刻起我就永生难忘。

记得在一堂作文课里，我们以"我的一家"为习作主题，她写的课堂作文《我家的三块石头》，朴实的文字略带纯美，勾勒了一幅家庭生活的幸福图景。我们提醒家长及时给孩子投稿，她的妈妈把这篇课堂习作及时发给报纸编辑，文章很快发表在了《华西都市报》，羽羽得到了三十元钱的稿费。她和很多同学一样在课堂学习作文，不仅享受快乐，而且在文学天空掘到了自己人生的"第一桶金"。

2014年，三省堂学校组织趣理作文班每个孩子参加创新作文大赛，在初赛中她获得了一等奖。她接着和全省选拔出来的写作高手在七中实验学校参加四川省的现场角逐，也获得了一等奖。暑假里，羽羽和全省写作高手赴北京参加"为学杯"创新作文大赛的现场写作决赛，喜获一等奖。她获奖的消息不胫而走，让我们每个人不禁对她刮目相看。

2015年，毛弈羽又参加了"为学杯"创新作文大赛，依然获得了一等奖，这令我们很多同学对她仰慕不已。今年暑假，三省堂一百多位写作高手到北京二十一世纪国际实验学校参加全国总决赛的现场角逐，大家看到笑靥如花的毛弈羽被评为"为学·少年作家"，她的文学梦因此变得枝繁叶茂。

这不断袭来的一切风暴，引起了我们对她的深度关注。我发现她读书的量并不是我们想象的大，甚至对她的阅读量有几分担忧，觉得这些优秀特质会不会昙花一现？多次和羽羽妈妈交流后我明白了：喜欢翻来覆去读一本书，是读书的另外一种境界，很多卓有成就的人就是这样成功的。而近距离走进一个自己喜欢的作家，你的文字风格就会像他，这也让我找到了她不断改变自己文字风格的原因。原来我一直倡导：海量阅读成就人生。她的成长颠覆了我对于课外阅读的认识观，找到了另外一种阅读方法让人成才的途径。

看着她走在文学的道路上，享受着这个旅程，羽翼渐丰，在小学毕业之际成为了"为学杯"创新作文组委会的"签约小作家"，同时她用心灵的文字送给了我们人世间最珍贵的礼物——《轻言细雨》这本书。在万众瞩目中，我们走进她本书的世界，去领略不同风采的印象。

毛弈羽其书

我怀着激动而迫切的心情将《轻言细雨》的书稿读了一遍，掩卷闭目，剧烈跳动的心久久不能平静。

这本书收集了羽羽从二年级童真稚嫩的写话到六年级渐趋深邃的文章。她的文字已经逐渐形成自己独特的风格，有品位，值得读。

书里不仅有课堂布置的北师版语文单元作文，还有她的周记及生活日记；不仅有趣理作文班两年多的当堂习作，还有她游览祖国大好河山的浪漫见闻；不仅有童真及充满想象的儿童诗，还有她灵感闪现的古体诗歌创作。

羽羽在渐渐长大，她对世界的思考更加深邃，文字更加纯青。

她读万卷书、行万里路、写十多万字，领略文字之美，翱翔文学天空。

她爱文字、爱阅读、爱思考、爱写作，在一路童年少年时光中铸就自己的文学梦想！

一双飞翔的翅膀背后一定有故事。

军功章里有他们的一份，那就是始终陪伴羽羽成长的父母。

爸爸的文学素养深厚，妈妈喜欢读书写作。这本书十多万字的整理，妈妈从她开始写作就坚持不懈地在键盘上录入一字一句，无论羽羽写得如何，妈妈如获珍宝，四年时间都如此。

如果当初妈妈看到的仅仅是孩子的幼稚（其实是孩子的童真），也许就扼杀了今天的写作天才；

如果妈妈总是看到文章里的错别字、口水话、流水账，也许就埋没了今天的篇篇美文；

如果妈妈以成人的眼光去欣赏孩子的习作，也许今天的这本书就难以留存于世；

如果妈妈没有坚持不懈地收集收藏孩子的习作，也许这些优美的文字已经流逝在成长的时光中。

妈妈在整理书稿的过程中，被女儿深深感动的同时，也被自己感动着。

军功章里有他们的一份，那就是始终呵护羽羽成长的老师。

羽羽的语文老师甘老师，非常注重羽羽的课外阅读习惯培养和内心体验，所以羽羽才如此热爱阅读、勤于动笔。

我们的趣理作文课堂，课堂中的激情、展示、互动、竞争、分享等更加激发了她的习作兴趣，让她一写就开心，催化了她的文学梦想。

在我们的托福班（小升初半日制班）里，天山童老对她的启发点拨，终于使她的梦想得以开花。

虽然羽羽梦想的种子占尽天时、地利、人和，但这每一步生根、发芽、成长的过程也离不开她自己的刻苦努力。

所以，我们懂得了哪些人值得孜孜不倦地读这本书：

中小学生——因为无论你是稚嫩还是成熟，书中都有可以直达你内心的文字；

学生家长——因为无论你是青涩还是老练，妈妈的理念及其做法都值得你去学习和借鉴；

语文老师——因为你从书中明白该如何进行作文课堂教学和呵护孩子；

还有世界上一切热爱文学的人，因为你们会从书中的文章里找到共鸣。

捧起这本书来读，你的感悟里能够诞生热爱生活、热爱阅读和热爱文字的孩子，也许一代天骄就此诞生。

羽翼渐丰，让我们一起飞过天空，飞过海洋，飞向蓝天，在各种印象里不断飞翔。

2015年11月1日 于成都

（备注:本文作者系成都三省堂学校创始人、校长；趣理作文创立者及首席老师）

自序

我的文学梦

毛弈羽

文字、阅读、思考、写作——这就是我的文学梦！

喜欢文字，喜欢它的韵味，喜欢它的长久。不知何时开始，我爱上了文字，只要执起笔，文字，就如一涌清泉，滋润着我的心灵。文字，是中华古人的智慧；文字，是现代文化不可或缺的根源。苍苍竹林，为夜晚的降临而褪去惯有的孤傲。此时，栖于竹下，听竹叶沙沙作响，这种美感无法言传，却能用笔下的文字镌刻出这美好的瞬间！

喜欢阅读，喜欢它的深邃，喜欢它的悠远。不知何时开始，我爱上了阅读，只要一捧起书，阅读，便成为了我的伙伴，让我学会安静和聆听。阅读，是先人的梦想；阅读，是我们的渴望。才回首，蓦然已至深秋，只一眼，便是花落满窗。此时，任何事，都不及阅读解忧，所以，阅读，是我最好的朋友！

　　喜欢思考，喜欢它的哲理，喜欢它的内涵。不知何时开始，我爱上了思考，只要在思考，我便无限地遐想，沉浸在那个天马行空的世界。思考，是前人之所需；思考，是今人之所缺。思考，只是人生的第一步，善于思考，你会爱上这个大千世界的美好。若不去思考，那么，你永远都不会有一个丰富的人生！

　　喜欢写作，喜欢它的自由，喜欢它的趣味。不知何时开始，我爱上了写作，只要开始写，写作，便控制、占据了我整个脑海，让它不再空虚。写作，是先人的喜好；写作，是我辈的乐趣。何谓写作？何谓文章？所谓，无物之象，无象之状，也仅止于此。不论好坏，只要有情感；不论忧伤，只想它是否有存在价值。这，就是写作！

　　爱文字、爱阅读、爱思考、爱写作。这，便铸就了我的文学梦！

目录
CONTENTS

毛毛雨

一粒种子

梦想路上

国学·浸润

在爱的目光中飞翔

后记

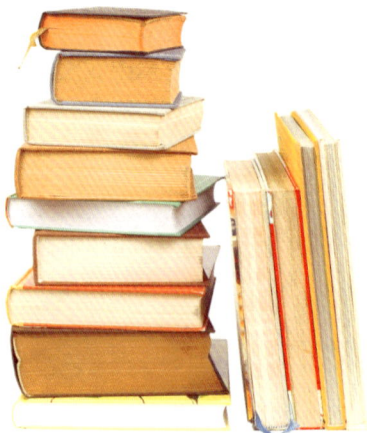

幸福与博爱的翅膀

我聆听生命课程的时候
长春早早夭折的宝宝
割皮救子的母亲
摔倒在地无人搀扶的老人
我为他们感到心疼和惋惜
我希望未来的世界里
没有犯罪、没有病痛、没有冷漠
啊!
我的梦想
将拥有幸福与博爱的翅膀

第十届"为学杯"
全国中小学生创新作文大赛
（2014年·四年级）

啊，我梦想的翅膀
—— 四川赛区初赛一等奖

梦想是我们对自己的期许，梦想是我们对未来的承诺。我有许许多多的梦想，并为它们安上美丽的翅膀……

我聆听生命课程的时候，长春早早夭折的宝宝、割皮救子的母亲、摔倒在地无人搀扶的老人，我为他们感到心疼和惋惜。我希望未来的世界里，没有犯罪、没有病痛、没有冷漠。啊！我的梦想将拥有幸福与博爱的翅膀。

从2008年的汶川地震到2013年的雅安地震，我在电视上、报刊上、网络上看到了许许多多失去家园的人流离失所，也看到了被毁坏的山河面目全非，我感到悲伤和难过。我希望未来的世界里没有倒塌的房屋，没有被掩埋的生命，没有生离死别。啊！我的梦想将拥有祥和与安宁的翅膀。

我在马来西亚旅游时，那里的天空碧蓝如洗，树木青葱翠绿，一尘不染，空气里都弥漫着甜甜的味道，我感到悠闲与沉醉。我希望未来的世界里，当我仰望天空时，看到的是蓝天白云或繁星点点，当我俯视河川时，看到的是碧水涟涟与群鱼嬉戏。啊！我的梦想将拥有生态与美丽的翅膀。

参加完《诚实与担当》的

主题班会后，同学们的精彩表演让我明白了什么是诚实做人，什么是勇于担当，什么是团结的力量，我感到了责任与期望。我希望未来的世界里，人与人之间和谐友好，充满温暖。啊！我的梦想将拥有团结与美德的翅膀。

梦想，不是触手可及的，也不是遥不可及的。要实现梦想，就需要付出，需要奋斗。有梦就有希望，我的梦想将插上美丽的翅膀，带着我勇敢飞翔，与拥有梦想的千千万万平凡的人们一样，在对未来世界的美好憧憬中翱翔！

他的一天
——四川赛区现场复赛一等奖

大家都还记得四年级下册语文教材上第一单元第二课《语言的魅力》吗？今天让我们来了解了解这个盲老人的一天吧！

当天边刚刚泛起一丝红晕时，盲老人便起床了。他拿起那破旧的像是从垃圾堆里捡来的探路棍，紧紧地攥在手中，轻轻地敲打着每一块砖头，仿佛是在对它们说："快起来了！快起来了！太阳都晒屁股了。"每一块砖头好像都听得懂他的话似的，突然变得有气色了。

慢慢地，盲老人走到了最繁华的巴黎大街旁，小心翼翼地试着、试着坐在了街边。拿出他那讨钱的碗，和上面写着"我什么也看不见"的木牌。渐渐地，天亮起来了，街上也从没人变成了有人，又从有人变成了人流，再从人流变成了人山人海，男女老少全都有。他们都看见了盲老人，但却像没看见他似的无动于衷，扬长而去。

很快又到了"无人季"——夜晚。盲老人今天一无所获，垂头丧气地收起他那讨钱的碗与木牌。再次拿出他那破旧的探路棍，告诉每一块砖头："该睡觉了！该睡觉了！今天我一点收获都没有。"正当盲老人沮丧地向前走时，突然听见背后传来了一声亲切而温暖的呼唤："老爷爷，等等！"盲老人相信这是幻觉，因为他确定没有人会对这样的瞎眼老头产生同情之心，便毫不犹豫地继续迈步向前走。然而，那温暖的声音却再次响起了。这时，盲老人才意识到这不是幻觉，真的有人在这样呼唤他。盲老人慢慢转过身，那青年一把抓住老人的手，对他说："老爷爷，可否借您的木牌一用？"老人虽然不知道他是谁，但却下意识地点了点头，把木牌交给了年轻人。年轻人随即拿出笔，在上面写道："春天到了，可是……"便告诉老人："祝您一路走好！"盲老人虽然不知道他是谁，在木牌上写了什么，但听到这句安慰的话，便也微微点点头，走了。

原来啊，那个年轻人正是法国著名诗人让·彼浩勒，他在木牌上写下的这句话对盲老人产生了很大的帮助。

第二天，盲老人还是那样地早早起床了，天边的色彩依旧，人来人往依旧，但给钱的人却越来越多了。难道是盲老人变了样？不是！啊，告诉你吧，其实是"春天到了，可是……"这句富有诗意的语言产生了极大的吸引力。当人们想到这个盲老人连万紫千红的春天都看不到时，不时发出一声声惋惜的悲叹，从钱包里拿出钱小心翼翼地放在钱碗里，甚至有人还对盲老人说了些祝福的话语。盲老人感到了前所未有的温暖，不但钱的数量增多了，且找到了家的感觉。如果人人都能像让·彼浩勒一样又有文采，又有爱心，那世界上所有像盲老人这样的无家可归之人都不会再流离失所了。

让这富有诗意的语言打动我们每一个人的心灵，播下爱心的种子，让它生根、发芽、开花、结果，到那时，世界每一个角落都会变得温暖而又明亮。

我们的约定

——全国现场总决赛一等奖

　　世间万物都是由生命构成的，花、草、树、木与人之间的关系本来亲密无间，可是，后来……

　　我叫小兜，是一个可爱的女孩。在一次神奇的旅程中，生命之神赋予了我能与万物对话的权利。正是因为有了这种神秘的力量，我和世间万物有了一次约定。

　　清晨，我漫步在阳光下，欣赏着路边美丽的风光。不经意间，一株刚刚从土地里探出头来的小草映入了我的眼帘。一颗晶莹的露珠顺着小草的身体轻轻落下。我凑近了些，轻轻地问道："小草，你今天开心吗？"小草缓缓地摇摇头，说："我不开心。"我很惊诧，左想想，每天都有人给小草浇水，它不会因为没喝够水而不开心；右想想，小草也不会因为阳光暴晒而不开心吧，因为它每天都这样生活，应该早已习惯了呀。我想不明白，嘴角向上一弯，尽量做出开心的样子问小草："小草，我觉得你一切生活都挺好呀，为什么不开心呢？"小草失落地说："有两个原因：一是因为太阳太暴烈了，把我晒得懒懒的；二嘛，还不是因为你们人类，整天在工厂里排放污气，让我无法畅快地呼吸了。你看这下可好了，我身边的亲人、朋友、邻居，全部都因为吸入那些污浊的气体变得枯黄而死去。就连我呀，也危在旦夕，现在伸个懒腰都没有力气，鼻子里也感觉灰灰的，好不舒服呀！""原来是这样啊！"我同情地看着它，真为它感到难过。忽然，我脑子里闪过一道灵光，"啊！小草，要不这样吧。我去跟工厂里的人们说说，请他们工作的时候注意爱护环境，不要再制造污染伤害到你们了。"小草感激地看着我，轻轻地点点头。于是，我有了一个约定。

离开小草，我继续向前一路奔跑，"两旁风光无限好，只是无缘两相耀"。跑啊，跑啊，我来到一条小河边，岸边柳条轻垂，阳光灿烂，鸟儿在枝头欢快地歌唱，多么美好的景象啊！突然，一条小鱼打破了原本的宁静，它从河里一跃而起，腾空摇摆后落在了河堤上。我连忙将它捧起，小鱼在我手中跳动着，我想立即将它放回河里。可是小鱼却跳得更厉害了，嘴里不停地喊着："不要！不要！不要把我放回河里。不要啊！"我惊奇地问它："小鱼，如果你不马上回到水里，会死掉的。你本来就是在水里生活的呀，为什么不想回去呢？"小鱼低下头，有气无力地说："唉！原来这条河流清澈见底，透似水晶，可自从人类开始在小河里排放污水后，每天都有许多小鱼、小虾翻着白肚皮漂上去。我想，迟早有一天，我也会像它们那样的。于是，我思前想后做出了一个决定，我宁愿在岸上干涸而死，也不愿在水中痛苦地挣扎着死去。"我很感慨，也很悲伤，原来人类不文明的行为影响了这么多生命的存在。我轻轻地将小鱼送回河中，认真地告诉它："小鱼，小鱼，我回去一定劝劝那些排污的人们，让他们尊重生命，爱护自然，还你们一条干净的河流。"小鱼激动地看着我，眼睛里闪动着泪光。于是，我又有了一个约定。

大自然是我们的家园，自然万物是我们人类的朋友，破坏环境，伤害自然，就等于是破坏我们自己的家园。想象着有一天自然万物都离我们而去，我们失去了家园，是多么恐怖的一件事情啊。其实，只要我们每个人都从自己做起，保护自然，爱护环境，那世界就会变得和谐美丽。这就是我们的约定。

第十一届"为学杯"
全国中小学生创新作文大赛
（2015年·五年级）

知识与我同行
——四川赛区复赛一等奖

我的座右铭没有过多的点缀，不奢华，却似纯净的钻石般夺目。它在我的人生中必不可少，让我学会了阅读和走读如何兼得，如果缺失了其中一样，就是对自己最大的亏欠！

每每出行，总会有一抹书香萦绕在我身旁。一有空闲之时，那抹香，就会在我的手上化成一座座知识的宝库。

我捧着书走过千山万水，好似文字亦如风光般旖旎。躺在花丛中，阳光柔和地洒在花儿上，也洒在书页上。那一个个线条优美的文字，在我眼前俏皮地跳跃着，在我的脑海里逐渐形成一级级知识的阶梯。有时，看得累了，便把书翻开，反搭在胸前。用眼望着那碧蓝如洗的天空，用耳朵去听风儿轻抚树叶时发出的"沙沙"声，小河流水的"哗哗"声，仿佛带我走进那书中的仙境，也似穿越到音乐大厅里倾听贝多芬的交响曲。

这是一片虞美人的花海，靠着我的花儿们不住地随风摇曳，似乎在小声地催促我赶紧去寻找更美丽的风景。

不远处有一涧瀑布，我沉浸在书的世界里浑然不知，直到隐隐地听见瀑布的呼唤。我赶忙合上书，踏着青石板，寻着那山涧的清香，盼如愿见到瀑布。过了一会儿，我抬头一看，一条清澈的"水帘"闪现在我眼前，那涌泉从高高的石山上倾泻而下。因它的存在，石山下，才会有那透亮的湖泊；因它的存在，道旁树木才能郁郁葱葱；因它的存在，四周的生灵才得以存活。它就像这森林的救世主，庇护着这儿所有的生命。

坐在一棵与水相邻的柳树边，看着柳条在水中婀娜的身姿，不禁勾起我对书的渴望。于是，书卷又在我的手中展开，令我荡气回肠。此时的我，心里暗想，与其在真正的湖泊中遨游，还不如在书的世界畅想。

想到这儿，不禁又记起那片浩瀚的海，那里有蓝鲸，在它的身侧有鱼虾穿行，也有那飞鸟在它的背上停歇。看，这个景象跟书的海洋又怎能相提并论呢？

风景自然是美的，但书更是世上最秀美的一道风景。它能让我们领略到人世所有的真谛，也可以带领我们触碰到世间所有的美好！

在这千山万水间，我的座右铭那清丽眸子上的面纱，被一阵淡淡轻风撩起，露出了美丽的面容：

身体或者灵魂，必须有一个在路上。要么读书，要么旅行！

昨晚，我在想……
——全国现场总决赛一等奖

昨晚，我在想，世界上为什么会有生命的轮回呢？花开，是美的。可花落便会成为悲伤。

我，登上山顶，看世界的风景；我，走向小溪，捧起那清澈的水滴。可是，若有一天，山下的景暗了，溪中的水干了，世界失去了美丽，生命的意义是什么呢？但，即使这样，我想，我们也不能放弃，要尽我们所能去保护、去爱护这个温馨的家园。就算，改变不了这生命的轮回，也没关系！

秋意朦胧时，可否奉上一盏清茶，坐在小桥流水边，静静地享受生命的美。渐渐地，一轮明月攀上树梢，洒下一层清辉，照亮了整个世界。可此时的欢乐又能否长且久？怎忍得使金樽空对月，宁斟美酒映愁容。美酒只是虚名，而不堪借酒消愁，愁更愁！

春意盎然中，点点春芽破土，点点花开无声。这景致带着我的心，向远方看，向未来看。远方的景致固然是美的，但在同一个地方，仅仅几月后，花将悄悄凋零，草也会无声枯萎。美景总有失色的一天。

冬雪飘洒后，窗外的寒风，阵阵；滴滴的雨落，声声。屋里的温暖却无法掩饰心里的感伤，再美丽的容颜也不能使人一生幸福，即使曾经闭月羞花，沉鱼落雁。终有一天，也会刻上岁月的风霜和印痕，一如那平静的湖面泛起层层涟漪。

夏花绚烂季，纷纷扬扬的花瓣雨，

从山坡弥漫至山顶，尽情挥洒着，起舞着，享受这场盛宴最后的美。因为，不期而至的一场暴雨将令这一切化为泥，和尘。

是啊，人间是那样的繁华！而人间的繁华却又是那么容易凋零！落花给了我启示，不管时间有多么短暂，都要用一切努力让生命绽放出最美丽的色彩。只要盛放之时，是美的，尽管凋落无声，也会留下美的痕迹！

昨晚，我在想……

灵动的影

——2015年第十届全国青少年冰心文学大赛一等奖

阳光下，微风中摇曳着的枯草，唯有黑影做伴，正如一个人在静静地沉思。一缕秋风漫上发梢，黑影如镜般随行，只是默默地，默默地。

太阳稍有些偏西，淡淡清辉洒下，远处的层楼、大树，近处的小草、落叶都沐浴在阳光中，校园仿佛是一幅油画，富有层次。

头顶上，一棵绿油油的树，贪婪地吮吸着明艳的阳光，似挂上一层油油的妆。零零星星的影落在红红的矮灌木中，像一个糊糊的黑饼，团缩在一起。风儿一吹。影子似乎是一个优雅的舞者，立刻轻歌漫舞起来，红灌木像一队尽职尽责的士兵，小心翼翼，无微不至地照顾着树、守护着树。而树的影子轻轻地散落，像一层黑色的薄纱，为万物遮挡强烈的阳光。映在身下的小草上，映在湿润的泥土上。

在那棵树的旁边，有棵稍矮些的树，它一个人孤零零立在那里。阳光向下倾射，把树影拉得长长的，那影子就像一长根黑色面条，又似一把无色透明的油纸伞。

小鸟有时会在树冠上玩耍、休息，使灵动的影俏皮地跳跃着，像夜晚星稀的天空，闪烁着，静淌着，活泼而欢乐。

金黄的银杏，吸引着我的目光，一片片黄叶凋零，地上的幻影或大或小，或浓或浅，凄婉孤独，变幻莫测。

波光粼粼的水面，瑞云托日，衬出如荫水草。一根根"绿藤"盘根错节，团缩在一起，却是浓疏相配，巧夺天工。

浓密处，少有艳阳照射，但却依旧有清晰的影。虽说是一处浓厚的绿，竟如水墨画般淡淡地渲染，似有似无。水草的叶片如翡翠般晶莹剔透，边缘是亮而有层次的，而内里却更像是娇滴滴的小孩，没有过多的修饰与装束，静静地沉睡、沉睡。

淡薄处，别有洞天。似明明了了，却深藏不露。水中的几块碎石显得格外重要，它是独一无二的，犹如那强大而稳定的背景，嵌映着鲜嫩水灵，娇美温婉的影。

亭边，那簇簇三角梅好似柳暗花明，互相照映。那绿叶，一片片地插在细却有力的枝条上，像是一条美丽的草叶裙，为那看似干枯的枝条点缀。那一朵朵娇羞的花，既有梅花的坚毅，又稍兼牡丹的温柔。光投射的影，让花的色彩很鲜明，在这个角落独自灿烂。

影子，无处不在，树干、地面，甚至墙上，它总显得那么美妙而孤寂，却蕴藏着生活的哲理与快乐！

行走厦门

——2015年第十五届"新希望杯"全国青少年写作大赛特等奖

草在结它的籽，风在吹它的叶，我们在这里，什么都不说，就很美好。

人间四月天，我们又出发，前往那个繁华，而又有着秀丽风景的城市——厦门。在那里行走，享受阳光与温暖，体验简单的快乐！

厦门，一个有着碧波拍岸的海，湛蓝如洗的天，艳丽喜庆的花，以及笔直挺拔的树的城市。它有美丽的风景，但也保存着一份质朴无华的气息。去感受不一样的城市风景，去呼吸不一样的城市气息，便是我这次走读的目的。

三角梅，厦门的市花。这花儿既是单纯的，却又暗暗蕴藏着无比高贵的气质。它的三片花瓣连在一起，至少在我看来，它们十分团结而友爱，中间那三株花蕊，弥漫着它们无形的友谊。三角梅在厦门随处可见，而且在阳光下盛开得花枝招展，无比耀眼。在这个城市见到它的身影，不会像在成都偶然见到一小株时，露出那样大惊小怪的惊喜表情，因为在这里，它的美丽无处不在。

说了市花，又勾起了对厦门市树的记忆。凤凰木，我不知它为何得此吉祥之名，但我知道，林志炫曾唱过一首歌《凤凰花开的路口》，就与这树分不了关系。凤凰花开的时候，火红一片，也是厦门最热的日子，就如烈日当空晒红了这凤凰花一般，装点着这个城市的每个角落。

旅程中有许多我喜欢的事，最好玩的还是和妈妈一起骑游在那13.7公里长的环岛路上。双人自行车上，妈妈在前面指引方向，我坐在后面，拿

出自拍神器，这个宝贝在这样的旅游城市几乎人手一个。我们一边骑行在海边，一边做着各种表情自拍，有时还被自己夸张的样子逗得大笑不止，真是快乐极了，这可是我想出来的好主意。一路上，我们走走停停，只因为风景无处不在，就让车轮的痕迹停留片刻，我们什么也不会带走，一花一草一木只会被风摇动，带走的只有我们的回忆！

在后来的行走中，我在海滩上扮演过"大白"，在鼓浪屿枕着海浪声入睡，在退潮的小嶝岛挖海蛎，拿着盖章本穿行于曾厝垵每个特色小店……

每一步、每一道风景都因了冥冥中的缘分。有时竟分不清现实与梦究竟相隔多远，是压力让我选择了逃避，还是期待让我选择了远方。我在路上寻找我要的答案。旅行，让我和这个世界保持良好的联络。

有时，甚至我会遐想，如果有一天，旅行能成为生活。我相信，当你一直专注于去做某一件事情，适当的时候，它一定会开出很多花儿来！

一段旅行，遇见好人好事好物，让我们去享受人生，享受旅行的美好与乐趣！

雨点的歌声

春天，嫩嫩的小芽破土而出
这时，天空中下起了绵绵细雨
轻轻地落到叶片上
滋润着嫩嫩的小芽
"滴滴答答"的声音好像音色优美的乐曲
那是细雨在轻轻地抚摸着嫩叶

宝宝在妈妈的怀里，
宝宝和妈妈在爸爸的怀里。
我们在蚊帐的怀里，
蚊帐在小屋的怀里。
小屋在家的怀里，
家在这幢楼的怀里。
楼在小区的怀里，
小区在城市的怀里。
城市在祖国的怀里，
祖国在世界的怀里，
世界在宇宙的怀里。
宇宙在谁的怀里呢？
宇宙在我们的怀里！

——2011年10月19日

怀里

妈妈的记录：

  昨天不知是因为中午听了马小跳迷恋妈妈子宫，那个世界上最柔软、最安全、最舒服的地方的故事，还是因为晚上去探望了同学妈妈的新生宝宝，喜欢上那个小小初生婴儿迷人的样子。兜儿回去得很晚，平常都是爸爸讲着故事陪伴入睡，昨天一定要妈妈抱着她，而且爸爸也要一起躺下讲故事才肯入睡。听着听着，她自己突然作起诗来，还有模有样，令爸爸妈妈听得入迷。这可是小兜第一次的作品，虽然稚嫩，甚至是一些呀呀之语，但一定要记录下来。

我的妈妈

——2012年2月17日

在我的眼中，妈妈是一个既温柔又严肃的人。

妈妈的工作很忙，但是，我能感受到妈妈的爱始终陪伴在我的身边。

妈妈做的饭菜很可口，妈妈做的糕点很美味，比天下第一的厨师做的还好吃。

妈妈会在夜晚为我盖被子，妈妈会在我难过的时候拥抱我，妈妈会在我做错事时提醒我。我的妈妈是世界上最好的妈妈！

春 风

——2012年2月24日

春风轻轻地吹着口哨，
吹绿了小草，
吹红了小花，
吹醒了正在睡觉的小动物。
枝头长出了新的花苞，
柳枝随着风儿飘荡，
春风轻轻吹着口哨，
和暖阳一起欢笑。
我削了一支柳笛，
伴着春风吹哨。
听小蝴蝶捎来春的问候，
看我种的小花多美丽。

19

蚂 蚁

——2012年5月3日看图写话

清晨，阳光明媚，露珠在草叶上滚来滚去。一只黑色的小蚂蚁小绿在玩的时候在花丛中发现了一根大骨头。它说："这根骨头大得像一列火车。"蚂蚁小绿惊喜万分地跑到骨头面前，高兴地说："啊！好大的骨头呀！我要把它扛走。"小绿使劲地想把骨头扛走，可是小绿没有那么大的力气。小绿想，不行，我得回去找朋友帮忙。然后，小绿跑回家叫了一群蚂蚁来到那块大骨头面前。蚂蚁们看着那么大的骨头议论纷纷，有的说："我们一起把它扛回家吧！"有的说："真是块大骨头，太好吃啦！"然后，它们一起把骨头扛了起来。其中一只蚂蚁吹着口哨，蚂蚁们随着哨声整齐地喊着"一二一"。最后，它们终于把骨头带回了家。所有蚂蚁都过来了，它们争先恐后地跑上前来啃骨头。它们吃了六个月才把这根骨头吃完，它们很快乐！

它们希望以后还能吃到这样美味的东西！

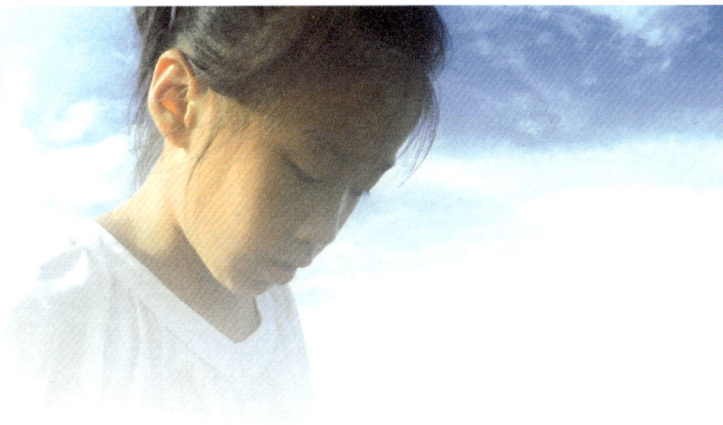

一双温暖的手

——2012年5月17日看图写话

从前，在一片树林里长着很多高大的树，这里有成千上万只鸟儿在自由地飞翔。啊！这儿就是鸟的天堂！曾经，鸟儿们站在大树的枝头聊着天，鸟妈妈把刚出生的宝宝安放在树上的鸟巢里，然后外出去找虫子来喂它们……后来，人们开始砍树，打算在这片鸟的天堂上建起了许多楼房，使这里变成一片荒野！当小鸟们回来时，惊慌地说："我们的家在哪里？"然后，它们看见被砍掉的大树和自己还没出生的孩子。就在这时，老树桩上仿佛伸出了双手，托起那个鸟巢，给这只没出生的小鸟带去温暖和安全。后来，这些鸟儿纷纷离开了这个地方……

小白兔种菜

——2012年5月24日看图写话

　　一个晴空万里的早晨，太阳把光明撒向大地。小兔可可来到围着篱笆的菜园里，可可说："今天，天气真好，我种点白菜吧！"然后，它开始松土，松呀松呀，终于，松好了，它说："这儿的土怎么这么硬啊，太难松了。"不知不觉它已经忙到了晚上，可可赶忙回去拿了种子，开始撒种子，撒完种子它才回家睡觉了。过了几天，小兔来浇水，它看见种子已经发芽了。可可对太阳公公说："谢谢您让我的种子发芽了！"太阳公公对它笑了笑。又过了一段时间，小兔又来了，它看见了一棵棵白菜正整齐地站在那儿等它来收呢。可可惊喜万分。月亮阿姨对可可说："你真棒！"可可开心地笑了，它推着小推车运走了白菜。

　　最后，它和小伙伴们吃了一顿美味佳肴！

小蛇乐乐寻友记

——二年级寒假想象作文

从前，有条小蛇名叫乐乐。她喜欢到处游玩，也很爱交朋友。但她跟别的小蛇不一样，因为她从不伤害其他弱小的动物。可大家都对别的蛇那些恶劣行径习以为常，一看见蛇就会手忙脚乱跑开。

一天，小蛇乐乐看见一只很可爱的小老鼠，便上前问道："你在干什么呢？"小老鼠一看，原来是一条蛇，就慌乱地跑回了洞里。乐乐很伤心。

第二天，乐乐又去外面找朋友，她看见了一只小猴，乐乐说："你好！"小猴看见自己身旁有一条蛇，吓得魂飞魄散，四处乱窜。这下小蛇乐乐着急了，她喊道："我没有恶意，只想和你交个朋友。"可是哪儿还有小猴的影儿呀，留下的只有小蛇乐乐冰冷的心，在寒风中微微颤抖着。过了好一阵子，小蛇乐乐才慢慢离开那冰凉的雪地回到了家中。

一回到家，小蛇乐乐就伤心地哭了起来，蛇妈妈问小蛇："你怎么了？"小蛇乐乐哭哭啼啼地说："呜呜，我没有朋友，小动物们一看见我，就跑得无影无踪了，呜呜呜！"蛇妈妈想了想，说道："乐乐，你不是没有朋友啊，你一直有一个最真心的朋友，就是妈妈。妈妈会一直陪着你，一直到永远！"小蛇乐乐投入妈妈温暖的怀抱，幸福地笑了起来。

三年级

门前的枇杷树

——2012年9月24日

    我家门前有一棵枇杷树，春天的时候，树上就会发出嫩嫩绿绿的小叶子，好像弹弓一样的形状。经过丝线般的春雨轻轻抚摸这些小叶子，过了不久，树上便挂满了许许多多的"黄娃娃"。一个个又黄又大的枇杷一颗挤着一颗，像害羞的小姑娘似的，躲在绿叶后面，只露出小半张脸，张望着外面五彩缤纷的世界。有时，雨后，它们挂着雨珠儿，圆溜溜、亮晶晶的，就像刚从水晶宫里捞出来的琥珀。不用吃，看一眼便觉得那甜津津的枇杷汁已经渗出来了，透进了心里。

    终于，等到它们成熟的那天了。妈妈把它们洗干净，装在盘子里，看上去真是美味可口。这些果实外形似琵琶，肉质细嫩，皮薄核小，个大无渣。剥开那层薄薄的皮，咬一口，汁液会"唧"地溅人一脸，香甜可口，让人越吃越爱。

    我家门前有一棵枇杷树，真好！

给大树的信

——2012年10月11日

亲爱的大树：

你好！树朋友，你愿意用你的力量来保护大自然吗？如果你愿意就让我们告诉所有的树朋友们吧，我们一起连成一片绿色的海洋。

如果这里是一片森林，就不会有沙尘暴的袭击；如果这里是一片森林，就不会有狂风暴雨的敲打和呼啸；如果这里是一片森林……你愿意为大自然抵挡这一切的一切吗？

森林可以为天空带来碧蓝如洗的颜色；森林可以为人们带来新鲜的空气；森林还可以为人类带来各种各样的好，这样人们就不会再随意砍伐树木了。

树朋友你看，连成森林有这么多好处，还可以让世界变得更美好。树朋友你是愿意生活在灰暗之中，还是选择生活在丰富多彩的世界里呢？我想我们的选择很明确。

所以，树朋友，让我们一起连成一片碧绿的森林吧！

你的朋友：小树

我和野生动物的亲密接触

——2012年10月25日

你去过碧峰峡野生动物园吗？

我去过，我要告诉你们那里真的很好玩，你们一定很想去，那里有许许多多的野生动物，你还可以和它们亲密接触哦！

我们首先坐上了投食车，进入了猛兽区，我很好奇，会遇上哪些动物呢？这时，阿姨给我们每人发了一串牛肉，让我们把牛肉从窗户上的小孔伸出去，吸引那些动物来吃。突然，一只狮子扑了上来，张开大嘴第一个吃掉了我的牛肉。我被吓了一大跳，它的的爪子和脸近在眼前，它好大，牙齿好尖，真让人心惊胆战。接着，我们还喂了熊、老虎，我觉得最有意思的是用奶瓶喂蜂蜜给熊吃，太好玩了！

下了投食车，我们步行向前走，一路上我们给羊驼和梅花鹿喂了食，与美猴王和孔雀公主合了影。我还被美丽的孔雀轻轻地啄了一下手指，我哭了起来，原来孔雀一点都不温柔啊！

穿过水帘洞，经过猴山和鸟语林，我们观看了动物们的精彩表演。让我最难忘的是，我拿着十元钱钞票让鹦鹉飞到我手上来，用嘴衔走了它，好神奇啊！

后来，我还看见了松鼠猴、矮马、大象、驼鸟，以及在林间自由奔跑的漂亮锦鸡……

正当我流连忘返时，离开的时间已悄悄来到我们身边。最后，我依依不舍地坐上了观光车离开了野生动物园。我悄悄地告诉妈妈："以后我还要来这里，和野生动物们再次亲密接触！"

校园的早晨

——2012年10月26日

我们的学校坐落在成都的西北部，这里是我们学习的地方。当东方刚刚露出鱼肚白时，汽车的鸣笛声，把校园惊醒了。

校园的早晨是安静的。风轻轻掠过树梢，树叶们纷纷用沙沙的声音回答那掠过的清风。小露珠们争先恐后地从小草上滚到土里去，和湿润的土地一起开心地做游戏。小花儿们伸着懒腰，脸上露出一丝甜蜜的微笑，迎向太阳。小鸟在天空中飞翔，它的歌声轻轻地在校园里回荡。

校园的早晨是忙碌的。背着书包的学生们匆匆走进校园，送孩子的家长们在校门外挥手道别。在值周老师和同学们此起彼伏的问候声中，我们迎来了忙碌的一天。

啊！校园的早晨是多么美丽，多么可爱！

浪花在唱歌

——2012年11月16日

　　我喜欢浪花的歌声。浪花们唱着欢快的歌曲奔涌而来，为沙滩上的人们演奏了一首首优美的乐曲，就像在举行海边音乐会，人们随着浪花一起做游戏。

　　音乐会又演奏了一首不同风格的乐曲。浪花一层接一层地涌上来，人们争先恐后地在浪花中跑跑跳跳，追逐嬉戏。浪花更兴奋了，它唱起"哗哗"的歌声，岸边的芦苇尽情地听着这美妙的歌声，一阵微风吹来，芦苇弯下了腰，似乎陶醉在了歌声里。人们也陶醉了，拍打着，欢呼着。芦苇又像个顽皮的小孩，在微风中翩翩起舞，远看还真看不出是芦苇，却很像一群群蝴蝶在飞舞。它随着浪花的节拍跳呀跳呀，一刻也不停止。啊，浪花的歌声真美呀！

雨点的歌声

——2012年11月16日

　　春天，嫩嫩的小芽破土而出。这时，天空中下起了绵绵细雨，轻轻地落到叶片上，滋润着嫩嫩的小芽。"滴滴答答"的声音好像音色优美的乐曲，那是细雨在轻轻地抚摸着嫩叶。小芽们欢快地洗了一个澡，湿漉漉地站在那儿。一只小蚯蚓爬了过来，倾听着那美妙的乐曲，仿佛是在聆听皇家大剧院里的音乐一般，而小芽在雨妈妈的怀里慢慢睡着了。等到小芽醒了以后，它闻到了阵阵清香，再一看，原来是雨妈妈做了一碗香气扑鼻的露珠汤，小芽唏里呼噜地喝完了这碗美味的汤，兴高采烈地和四周的花草树木做起游戏来。

我想象中的鸟

——2012年11月22日

在我的梦中有这样一只鸟，一双天蓝色的小爪子牢牢地抓住树枝，身后还留了几根卷卷的羽毛，好看极了！它的颜色非常鲜艳。头上的羽毛像淡黄色的小帽子，中间竖立着一缕红色的小羽毛。背上的羽毛像翠绿油亮的春装，腹部的羽毛像洁白柔软的衬衫。一双水灵灵的小眼睛像从深海里打捞上来的黑珍珠，可漂亮了！

这小鸟不仅有美丽的外表，还有许多神奇的本领。它可以潜入深海和贝壳做游戏；它可以带着我在崇山峻岭间穿梭；它还会因为不同的心情用各种颜色在天空中画出不同的图案……

不论是白天，还是黑夜，这只美丽而神奇的小鸟在我的梦中自由飞翔，是那么快乐，那么耀眼。它在我的心中是最美丽，最独一无二的小鸟！

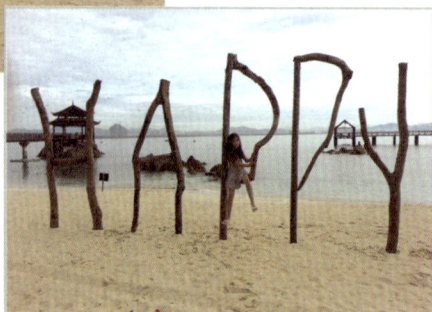

超市购物

——2012年11月23日

今天，我和妈妈一起去逛超市。我们进了超市以后，我在超市里找到了一辆手推车，兴高采烈地左看右看。超市里的商品琳琅满目，真让人目不暇接。忽然我眼前一亮，看见了许多可爱的热水袋。

我选了一个上面画只小熊，和一个女孩的热水袋。我拿着热水袋，眼前仿佛出现了我抱着心爱的热水袋的情景……啊，在冰冷的冬天里能感到一丝温暖陪伴着我，好舒服呀！

我继续往前走，突然，我想起了星期天是黄昕瑶的生日，我要给她买个礼物。我精心挑选，终于，找到了一个带有印章，还附送一个魔术橡皮擦的公主笔，把它送给黄昕瑶，她一定会喜欢。

走着走着，我们来到了食品区，我看见了健达的展台，展台的中心闪烁着五彩斑斓的灯光，四周摆满了健达奇趣蛋。我欣喜若狂地拿起一个来，摇一摇，听一听，里面有声音在响，很有趣，我赶忙把它放进推车里。我太喜欢了，又再拿了一个。

最后，我来到收银台，把我买的商品递给服务人员，把钱也放在收银台上。服务人员找了钱，我把钱交给妈妈。我们一起高兴地回家了。

跳跳王国的比赛

——2012年11月29日

　　跳跳王国正在举行一场盛大的跳远比赛。三位顶尖选手从初赛和复赛中脱颖而出，进入了终极决赛。它们是小兔妹妹、袋鼠妈妈和青蛙宝宝。它们在场外做着热身运动，等待着比赛的到来。随着国王的一声令下，比赛开始了。小兔妹妹一跃而起，跳出两米，还做了一个完美的落地动作："耶！"第二个出场的是袋鼠妈妈，它轻轻一跳，落在了一米半的地方。最后一个出场的是青蛙宝宝，只见它纵身一跳，像箭一样飞出去，竟然跳出了五米半的好成绩。全场响起了雷鸣般的掌声。三个选手登上领奖台向全场观众挥着手，戴上那闪着耀眼光芒的奖牌，手上拿着金灿灿的奖杯，可高兴了！三个选手紧紧地拥抱在一起，快乐极了！

我 想

——2012年11月30日

我想把耳朵，
镶在白云上。
跟着风儿飞，
听小鸟的悄悄话。
听啊，听——
听见春姑娘的美妙乐章。

我想把头发，
连在绿叶上。
带着几分绿叶，
随着白云飘荡。
飘啊，飘——
飘出一座童话森林的殿堂。

我想把我自己，
变成一只蝴蝶。
在天空中翩翩起舞，
在花瓣上品尝甜美的蜜。
飞啊，飞——
飞进爸爸的笑容，妈妈的梦乡。

我希望我的房间是……

——2012年12月7日

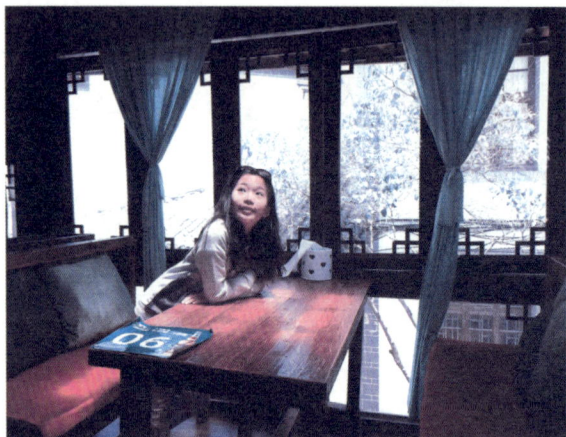

我有一间自己的房间。

那是一间有书桌、小床、衣柜、书柜还有玩具柜的小屋。我妈妈会帮我把小屋收拾得漂漂亮亮，我也经常在我的书桌上做功课。

我特别喜欢我的房间。但是，我想让我的小屋跟别的屋子不一样。

我希望我的小屋是神奇的海底世界。这样我就能骑着又扁又大的多宝鱼，在海底畅游，与色彩斑斓的珊瑚们捉迷藏。

我更希望我的小屋是一座美丽的城堡。在珠宝上睡觉，在丝绸上行走，穿着华丽的衣裙，带着闪闪发光的头饰，在城堡里走着时装舞步。

我最最希望我的小屋是一座魔法花园。小河里流着金色的水，小鱼吃着香甜可口的饲料。小鸟和小花说着话儿，大树唱着美妙的歌曲。更神奇的是，只要用手指蘸一点金色的水，就能实现自己的愿望。

天气热的时候，我希望我的小屋是一棵大槐树。浓密的树荫像一把绿色的大伞，给我带来凉爽。

天气冷的时候，我希望我的小屋是一个会发热的蛋壳。我待在里面就像呆在妈妈的怀抱里一样温暖。

可是，当我从梦幻泡影中醒来，然后我发现，还是自己现在的小屋最好！

运动会

——2012年12月18日

我很喜欢运动会，因为运动会里有许多我喜欢的项目，这些项目里，我最喜欢跑步。于是我今年想参加跑步，但是没有被选上，我很伤心。后来，甘老师让我当啦啦队的队长，我又开心起来。运动会开始了，我心里很紧张，怕我们班得最后一名。

第一个项目是迎面接力，一声枪响之后，运动员们跑了起来，等棍子传到我手上时，我飞快地冲了出去，跑到了对面，累得气喘吁吁。刘昱辰跑完了以后，高兴地对我说："你帮我们班冲了一棒！"我惊讶地问："是真的吗？"她说："是真的！"我们高兴得跳了起来。正当我高兴的时候，却听到了一个不好的消息，我们班只得到了第三名。我觉得很奇怪就问刘昱辰这是怎么回事，她说："是潘心扬和罗尧之交棒时出现了一点小错误。"然后，我就到处去找小潘。终于，在甘老师那儿找到了她。她哭得很伤心，我试着安慰她，她终于不哭了和我一起玩了起来。

接下来的比赛，我就带着啦啦队的队员一起给运动员们加油，第二天我们还是一直给那些运动员加油。到了第二天中午，运动会圆满结束了。

小桔灯

——2013年1月4日

我自己做了一盏小桔灯，在小桔灯上面还刻了三张笑脸。一张是我的笑脸，一张是妈妈的笑脸，还有一张是爸爸的。看着这盏充满温馨的小桔灯，想到制作时的艰辛，真想夸夸自己。

制作小桔灯的困难超出我的想象，让我大吃一惊，在制作中遇到困难时，我真想放弃。不过，最终我还是坚持下来，因为我发现如果刻笑脸，把小桔灯四周做成圆形镂空状，会更加好看，但这样一来，就不太容易了。怎么办呢？

经过了一番深思熟虑后，终于开始了那困难而又艰辛的漫长旅途。第一步，我用小刀把桔子顶部切成圆形。第二步，把桔子瓣掏出来吃掉，呵呵。当我看到这盏快要成形的小桔灯，我已经可以想象出，要是做完了该有多可爱呀！第三步，用勾线笔把三张可爱的笑脸画出来。哇，好可爱呀！我的、妈妈的、爸爸的，都那么灿烂。我喜出望外地捧起它。左看右看，可喜欢了！我用小刀小心翼翼地刻，一点一点照着轮廓雕，这是细致活，也是做小桔灯最困难的地方。一定要小心，稍不留神就会刻烂，就前功尽弃了。幸好，由于我特别小心，三张笑脸都栩栩如生地展现在小桔灯周围。我可兴奋了！最后，我用比较粗的针在桔皮上打了三个洞，然后把线绑在棍子上，放上蜡烛，这盏小桔灯就完成了。

第二天，我去学校参加小桔灯的比赛，却没有勇气去争夺第一名，因为我发现同学们做得更新颖更有创意。

可是，不管是否得到第一名，我还是最喜欢我的小桔灯！

一盏明灯——善良

——2013年2月25日

"人之初，性本善"，当你来到这个世界时，你就像一张白纸，干干净净。但一些邪恶的妖怪，会把你笼罩在一个暗无天日的洞穴里。这时，善良来了，会带着你打败那些妖怪，最后走出那暗无天日的洞穴。所以，善良是一盏明灯，一盏照亮洞穴，驱散黑暗，驱走邪恶的明灯。

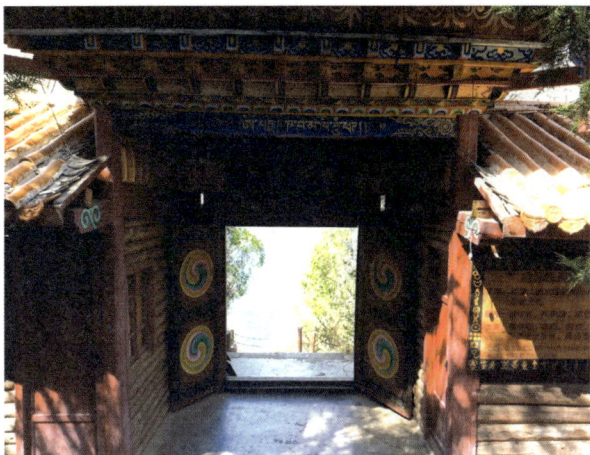

我的心中就有这样一盏明灯。

有一次，我和弟弟一起出去玩。弟弟不小心摔倒了，我跑过去赶忙把弟弟扶了起来，又一起玩了起来。

在寒假里的一天，我和奶奶一起去散步时，偶然发现一株被连根拔起的小草，静静地躺在路边一动不动。它已经奄奄一息了。我走过去，轻轻地把它重新埋进了土里。

其实，这两件事并不是什么惊天动地的壮举，但是我能在别人需要时去帮助别人，我内心感到很快乐。就像古人所说："勿以善小而不为，勿以恶小而为之。"

爸爸说："善良是最高的德性。"妈妈说："善良是生命的方向，是心灵的归宿。"我将让善良像一盏明灯一样，照亮我人生的方向。

我的第一张DIY贺卡

——2013年3月8日

今天是三八妇女节，我想亲自做一张贺卡送给妈妈。可是因为这是我第一次制作贺卡，心里十分紧张，也不知道怎样来做这张贺卡，但我还是想试试看。

第一步，去找材料。我先来到文具店，买了各种颜色的卡纸，还有压花机和棒棒彩。然后，我来到交大校园，在花丛中找到了各种各样的花瓣，有玉兰花，有海棠花，有茶花，还有桃花……我想把它们拼成一朵我心中最美的花，让它在我心中慢慢绽放。此刻，我仿佛看见了，一朵朵鲜花从天而降，美丽极了！

第二步，制作贺卡。先开始制作贺卡的内页，把捡来的花瓣在卡纸的右边拼出一朵美丽的鲜花。然后在卡纸的左边画了一个硕大的红爱心，在里面写上对妈妈的祝福。接下来我要制作最难的地方了，那就是贺卡的封面。首先我用蓝色的卡纸剪出一个长方形，贴在贺卡封面的正中间。然后，又剪了四条黄色的卡纸，用圆珠笔把这些纸条卷成心形的花瓣，拼成了一朵美丽的纸花。最后，用压花机在贺卡边上压上了美丽的花纹。这张贺卡就完成了！可做完后实在很累，就休息了一会儿，心里暗暗想着，把这张贺卡送给妈妈，妈妈一定会喜欢！

妈妈回来了，我捧着这张精美的贺卡对妈妈说："妈妈，这是我送给你的节日礼物！"妈妈接过贺卡说："这是我收到的最精美的礼物！谢谢我的宝贝！"

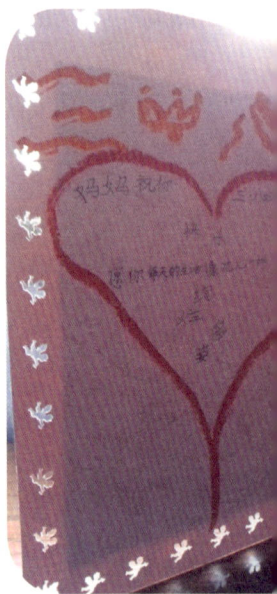

我的美丽风筝

——2013年4月2日

"草长莺飞二月天，拂堤杨柳醉春风。儿童散学归来早，忙趁东风放纸鸢。"想到这首诗，我很激动，便想和同学们一起去放风筝，更想做个属于自己的最美风筝。

但是，做风筝要用的材料很复杂，有竹片、宣纸、胶水、刷帚、颜料和剪刀。想好以后，我便开始准备起来。但，就是找这些材料也不容易啊！我忙了好半天，才找到其中五种材料呢，还差一个竹片，怎么办？我灵机一动，跑到小区里，用小刀小心翼翼地划下一小片竹子。哈，竹片的问题解决了！

材料准备齐了，现在我要开始制作风筝了。首先把竹片扎成"干"字形骨架。最难的时候到了，我想做一个国画风筝，但画国画的宣纸很轻很薄，容易湿透，一不小心就会撕破。而我很想让我的国画风筝成为最美的风筝，怎么解决这个问题呢？我先拿出一张宣纸准备画一幅我最擅长的猫咪图。我画的时候比平时更小心，水和颜料都用得更少，尽量保证宣纸不那么透湿。过一会儿，我将猫咪图糊在骨架上。我又画了一幅色彩鲜艳的鸟语图，把它剪成三条长长的尾巴，贴在风筝底部。我的国画风筝大功告成！

周末，我带着我的猫咪风筝，来到广阔的草坪上，我把它放上了蓝蓝的天空。油菜花田上空阳光灿烂，我的猫咪风筝与蝴蝶们嬉戏，它带着我的梦想扬帆起航！

天空中理想的翅膀

——2013年4月8日

春天，我们最喜欢放风筝。

地面上，我们扯着线跑着；天空中，风筝迎着风飞着。这些在天空中飞着的，都是我们理想的翅膀。

每个人的理想不一样，扎出来的风筝也不一样。你看，我的风筝是两只小猫在乘凉，后面还拖着三条尾巴。因为，我想让大家一起保护小动物。此刻，我似乎看见了世界上每个角落都有小动物在活蹦乱跳呢！

瞧啊，一朵美丽的七彩花，花瓣一飘一飘的，正在空中悠然自得地飞舞着。这一定是婧婧的巧手做的，她想让花儿永远盛开。

还有，那舞鞋风筝是未来的舞蹈家桐桐的，那蝴蝶风筝是双胞胎蔡思真和蔡思琪的。所有的风筝中，要数小音乐家榴榴的最棒了，那是一架七彩钢琴。风筝上挂着的两条音符可真好看，好像有美妙的音乐在流淌。

最有意思的要数庞庞了，她在飞机上画了蜻蜓，让风筝带它飞到天上去玩玩吧！

在地面上，我们一边放线一边跑着，手里的线越放越长，风筝也带着我们的理想越飞越高，越飞越高。

小毛毛春游百花园

——2013年4月11日

今天，我们学校组织去非遗公园春游。我既高兴，又激动。

我们绘脸谱、剪剪纸、逛花园、放风筝，其乐无穷。而我最喜欢的就是逛花园了。

现在正是春光明媚百花齐放之时，我一进百花园就被一片美丽的蝴蝶兰吸引了。那片蝴蝶兰就像一群花枝招展的蝴蝶在翩翩起舞。这时，我似乎看见了所有的花儿都绽开了最美的笑脸，摇曳着七彩的花瓣儿向我们招着手儿。我们就像一群可爱的小蜜蜂，直扑向这些花儿，就像也要采蜜一样。我们继续往前走，啊，好大一片虞美人呀！红红黄黄的，非常美丽。

各个花丛颜色各异，花的品种也不同，但都十分美丽。花儿招来了许多大大小小的蜜蜂，蜜蜂忙忙碌碌，嘤嘤嗡嗡。因为这些蜜蜂，这儿变成了一片甜蜜的花海。仔细一看，还有许多可爱的蝴蝶，也抵不住花的诱惑，开始翩翩起舞了，太美了……

走到百花园的尽头，一回首，发现这片花海非常广阔，也特别美丽，再看看那些在花丛中飞舞的小蜜蜂与小蝴蝶，这片花海便生机勃勃了。

从百花园里慢慢走出来，我的心，还仍然留在那片花海中……

我的第一次外教课

——2013年4月22日

那天，我们正在上语文课时，突然罗老师一把推开了教室门，带着一个外国人来到我们教室。我很惊奇，咦？为什么会有一个外国人来我们教室呢？正在我惊讶之时，四周一下热闹起来，同学们有的在"Hello、Hello"地打招呼，有的在与同学窃窃私语，还有的干脆大喊大叫起来……整个教室立刻变成了一片欢腾的海洋。

正在整个教室闹成一团的时候，罗老师突然说："这位老师将在星期三为我们带来精彩的课程。"啊！我多么希望星期三早点到来呀！

我们日夜期盼的外教课终于来了！

"丁零零，丁零零……"上课铃打响了，同学们一下涌进了教室，等待着老师的到来。过了一会儿，王老师领着外教老师走了进来。我心痒痒的，我很想知道，他会讲什么，怎么讲。外教老师站在讲桌边叽哩呱啦地说了一长串英语，可我只听得懂一小部分，在王老师指点下才明白，原来他是叫我们提问题呀！接着一大串问题与答案流入我的耳膜。同学们的问题五花八门，千奇百怪。但所有的问题中，要数肖佳妮的问题最有趣了。她一站起来就把双手背在身后，神秘地说："猜猜铅笔在我的左手还是右手上。"外教一直不明白要干什么，直到王老师给他解释清楚，外教老师才恍然大悟，就开始认真地猜起来。我一直很想问他自己有没有孩子，可是我不会用英语表达这句话，没敢举手，结果就失去了一次与外教交流的好机会。一直以来我自认为自己的英语还学得不错，可上了这节外教课以后，我才知道，原来我的英语水平还差得远呢！我一定要加油！

外教老师的课太有趣了，我期盼着下一次的外教课早日到来！

真人版丛林CS

——2013年5月1日

世界是精彩的，在这精彩的世界里做任何游戏，也都是精彩的。

这个"五一"节，我们去玩了一次真人CS，既惊险，又好玩。我发现自己好像不知不觉地喜欢上了这项游戏。

游戏开始前，组织者将我们分成两组，穿上不同颜色的战服，配发好枪支，告诉了我们一些注意事项和游戏规则。我们都兴奋极了，握着枪支跃跃欲试。战斗开始了！

第一场，我们组在丛林的南边隐蔽，对方组便在北边躲藏。我第一次拿到枪就发现了一个像瞄准器的东西，不知是干什么用的？便去问爸爸，爸爸告诉我："这个东西叫瞄准孔，要把三个点连成一线，就可以瞄准敌人射击了。"弄明白了怎么瞄准"敌人"射击后，我们的战斗就打响了。我们躲在沙袋背后，看到"敌人"出现，我迅速站起来，瞄准"敌人"开了一枪，然后迅速坐下。通过沙袋的空隙，可以看见"敌人"身上的灯在闪烁，"哈哈，打中了！"我心里暗自高兴。可是队友们包括我自己也有被打到。我的队友越来越少，一个个都中枪出局了，只剩下我一个人在丛林里孤军奋战。不过，我很勇猛，在六个人的围攻下我打中了三个人。但他们人多势众，我还是被剩下的三个人打倒，中枪出局了。接下的第二场和第一场的战况几乎一样，也是这样惨败。第三场战斗开始后，却出了一点小意外，冯兴滟的枪不小心砸到了我的脚，我成了伤员，不能继续参加比赛了，我心里有些失望。虽然我只能观看战斗了，但是，我在场外仍然为继续战斗的队友们感到高兴，并为他们呐喊加油。

虽然我没有成为游戏的胜利者，但这场"真人CS"游戏却永远留在了我的脑海中，成为抹不去的记忆。

"爱心卖报"活动感悟
——2013年5月4日

"啦啦啦……啦啦啦……我是卖报的小行家，大风大雨也不怕……"人民公园里，我和小伙伴们变身成了卖报的小行家。

可是当面对一声声拒绝的语言时，我觉得十分懊恼和尴尬。这是我人生中第一次卖报纸，虽然经历了很多挫折，我还是觉得自己很棒，一共卖出了16份报纸，一份报纸一元钱哦。

当然，肯定有成绩比我更好的孩子，他们可不是只卖了一次报纸就换来这样的成绩的。比如说，我的好朋友曹可青，她虽然不是这次卖出最多报纸的，但成绩也相当不错，卖出了32份报纸，整整是我的一倍呀！她在假期里经常出去卖报纸，而且每次都会有比较好的收入，相信她的成绩就是来自于这样反复的锻炼当中，熟能生巧嘛！

在这次卖报活动中，我也表现得很出色。因为我很大方，只要碰到一个人，我就上前去说："您好！您愿意买一份报纸吗？"虽然大多数人都拒绝了我，但我遇到了一位好心的叔叔，虽然最后他没能从我手中买成一份报纸，原因不是他不想买，而是我找不开零钱。他说自己是一名记者，还专门为我们拍了一张照片，说要广为宣传，力荐大家都来参加这样的爱心活动。我们通过卖报，不仅锻炼了自己的生活实践能力，还能帮助有需要的人。让我真正体会到了帮助别人，快乐自己！

除了开心，这次卖报活动还使我体验到那首《卖报歌》里的小孩卖出一张报纸有多不容易，我们一定要珍惜眼前和身边的幸福，感恩父母辛苦工作换来的美好生活。

活泼可爱的小金鱼

——2013年5月7日

　　金鱼是一种可爱的小动物，我非常喜欢。它背上的鱼鳍像船上的舵，常常会来回摆动调整方向，十分可爱。小金鱼的眼睛总是闭不上，它也不像我们人一样有眼皮，可以眨眼睛，但却像星星一样亮闪闪的。小金鱼的身体很光滑，好像是经过了上万年的打磨。那又宽又大的尾巴，像婚纱一样，在水中摆来摆去。

　　金鱼喜欢在水底游来游去，十分自在。只要有人触碰一下水面，或轻轻敲击一下鱼缸，它们就会马上潜到深水里去，或者立刻游到别的地方躲起来。美丽的春天，金鱼在水中欢快地跳跃着，互相顶顶撞撞，好像它们特别喜欢明媚的春光，喜欢白天与春光相伴，在水里优雅地漫步。只有"风高浪急"与夜晚来临的时候，它才会回到深水处的家安歇。

　　小金鱼们其实没有固定的家，累了，有时会在金鱼草旁歇息，也会在海藻丛里躲藏起来。金鱼醒着的时候会四处觅食，它们平时吃的食物除了鱼食外，还有一些微生物。

　　鱼儿是我们的朋友，我们要爱护它们。看着小金鱼快乐的样子，我真担心如果水面结冰了，它也会和其他生物一样死亡。如果没有好的生存环境，它们就会一条一条慢慢地从世界上消失。让我们一起保护生态环境吧，给鱼儿一个美丽安详的家！

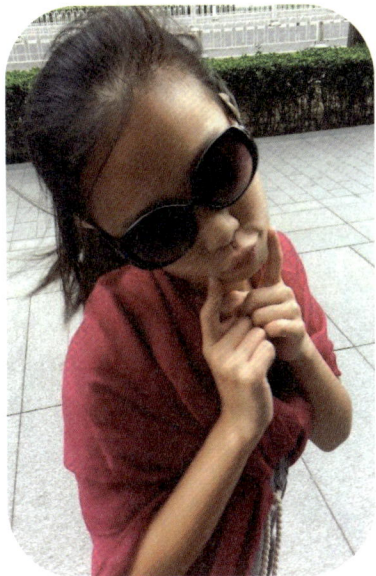

四年级

万物皆为我师

——2013年9月13日

说到"师生"这个词，许多人都会先想到孔子和他的三千弟子，在历史的长河中，他们师生之间的趣事广为流传。但在我的脑海里，关于师生的画面第一个浮现出来的是甘老师给我们上语文课的情景：黑板前，甘老师正给我们认真细致地讲解着，我们在座位上专心致志地聆听着，丰富的知识在我们师生之间传递着。这样的画面是不是大多数人心中关于师生的理解呢？

除此之外，我还觉得世界上万事万物都是我的老师。

比如书籍，就像我们刚才说到的孔子，他有部《论语》闻名天下。我也很喜欢看很喜欢读，从中学到了很多做人的道理和做学问的道理。哈哈！那我岂不是孔子最小的学生啦？所以说孔子是我的老师，《论语》也是我的老师。

比如说时间，时间教会了我要把握住每一分每一秒，时间教会了我要珍惜生命，热爱生活，时间教会了我爱与被爱的珍贵。所以说时间也是我的老师。

比如说砸到我脚的那扇门，这扇门教会了我做事需谨慎，娱乐要小心，这扇门教会了我乐极会生悲的道理，提醒我任何时候都不可以忘乎所以。所以说砸到我脚的那扇门也是我的老师。

……

孔子说："三人行，必有我师焉。择其善者而从之，其不善者而改之。"我说："万物皆为吾师，事事都可学习。"

感念一生的师生情

——2013年9月28日

　　我要准备去参加艺术人才大赛了，可是教我唱歌的陈老师却怀小宝宝了，怎么办呢？我很着急。我参加比赛前肯定要做准备呀！比赛一天天逼近，我有些焦躁不安。有一天，突然妈妈说要带我去陈老师那儿。我有点疑惑不解，问妈妈：“妈妈，陈老师不是怀宝宝了吗？我们不该去打扰她的呀？”妈妈回答说：“是陈老师给我打的电话，让带你去的。”“哦！”我不解地小声嘀咕道。

　　到了陈老师家，我看到陈老师有些疲惫的样子，我有点担心。但是陈老师看到我很高兴，把我领进琴房。像往常一样，她坐在钢琴前一遍又一遍地弹着，一句一句地教我歌词，额头上渗出一些汗珠。因为是参赛歌曲，所以有一些难度，从音准、节奏、表情、动作，陈老师不厌其烦地指导着我。通过连续几天的不断练习，我终于达到了陈老师要求的水准。尤其让我感动的是比赛那天，陈老师不顾身怀六甲的困难，亲自为我化妆，把我打扮得漂漂亮亮的，送我去参加比赛。

　　我带着老师的期盼和祝福顺利地参加完比赛，并取得了第二名的好成绩。我高兴地向陈老师汇报了这个好消息，陈老师表扬了我，还专门发了一条表示祝贺的微信呢！

　　陈老师怀着宝宝非常辛苦，却仍然尽心地为我指导，这份情我不会忘记，因为她的这份心血开启了我的歌唱之路，我将努力用我的成绩来回报陈老师给我的这份爱！

没有月亮的中秋节

——2013年9月29日

今天早上，我兴奋地醒来，揉揉惺忪的睡眼，却听见有淅淅沥沥的雨声。我跳下床一看，哇！外面竟下雨了。此刻，我的心都要碎了，恐怕今晚美丽的月亮与我无缘了。

外面的雨一直下个不停，但屋子里却很热闹。中秋节是团圆的日子，我们一家人都聚在了一起。妈妈把各种各样的月饼摆在了茶几上，还有红红的石榴、脆脆的苹果、甜甜的香蕉，呀！好多好吃的哦，真是又好吃又好看！大人们聚在一起拉家常、摆龙门阵，我和我的弟弟玩我们的。弟弟今年刚上一年级，我先和他交流了一下上学的感受，还教给了他一些基本的礼仪和规矩，以及一些学习的方法。然后我们开始玩游戏，玩了许多有趣的游戏，比如说弹硬币、五步猫抓老鼠……结果弟弟每次都输，我今天运气太好了！

雨下了一整天，快到吃晚饭的时候，才渐渐停了下来。为了方便赏月，我们把晚餐安排在露天餐厅里进行。我一边吃饭，一边抬头仰望天空，希望月亮能露出甜甜的微笑，希望月光能洒在我身上、桌上、树上，照亮这黑沉沉的夜。可月亮迟迟没有露面，我很失望。几天前，百度上的新闻说，今年中秋的月亮是最圆最美的，错过了就要再等八年才能见到。看来我要跟今年的月亮失之交臂了，呜呜！

虽然没有看到月亮，但我们一大家子人聚在一起，共度佳节，我心里的快乐也是满满的！让我们共同举杯，传递祝福："但愿人长久，千里共婵娟。"

（备注：本文入选《全国中小学生作文精选》一书）

编织吉祥的梦

——2013年10月11日

要放假了，甘老师给我们布置了一个小任务——编中国结。我一听十分高兴，太简单了！我奶奶会编中国结，请奶奶教我一下不就行了吗？

在放学回家的路上，我把要编中国结的事情告诉了妈妈。妈妈惊讶道："啊？中国结怎么编呀？"我无奈地说："我也不知道怎么编啊！奶奶不是会编吗？实在不行就只能上网查查喽。"回到家，我也没问奶奶，一下子坐到电脑前查了起来。哪知，电脑速度太慢了，查着查着，"咔嚓"一声电脑死机了，我心里想：糟了，只能军训回来以后再做了。

军训回来后，我一直惦记着做中国结的事情，但到处也找不到编中国结的丝线，怎么办？正在我愁眉不展的时候，同学的爸爸妈妈带给了我们一个莫大的惊喜，他们把编织图和丝线都给我们准备好了，我们组还约定好一起做中国结呢。这下我的作业终于可以顺利完成了。

终于到了我们约好一起做中国结的时间，我们拿着材料，聚在教室里。我和妈妈拿出丝线来整理。我把丝线抻在手上，妈妈像卷毛线团一样，一只手卷着线团，一只手拉扯着丝线。我抻着线的两只手，像戴着手铐一样，真辛苦呀！理着理着，我没在意，怎么没绕完的丝线简直扯成了一团乱麻呢？看远处的婧婧他们，好像已经要挽好线了。我很着急，焦急地对妈妈喊道："快点呀！"妈妈却很淡

定，依然不紧不慢地挽着。时间慢慢流逝着，我和妈妈终于把那一团丝线挽好了，我的手也可以解放了。一看旁边的潘潘还在卖力地挽着，我对她眨了眨眼睛，意思是："加油！加油！"可她好像没看见，依然埋头努力地挽着。

我们拿出编织图，我想做一个和编织图上一样的吉祥结。我把想法与妈妈商量好了，我们就在泡沫板上用钉书钉固定着丝线，按照示意图开始编织，但怎么也编不好。妈妈一点也不急，说我们来点创意吧。我们真的不管编织图了，天马行空地编了一个海星结，与海星不同的是，它还多了一条长长的尾巴。哈哈，我们自创的中国结很特别哦！但不能从泡沫板上取下来，不然就会散开。唉！我们的第一个创作宣告失败。

我又愁眉不展地望着妈妈，好像在说："怎么办？"还没等妈妈回答，突然，张瑞琦喊道："我做好啦！"大家激动地纷纷围过去，想看看我们小组的第一个成品是什么样的。这时，我看到帆妈正坐在一边细心地编着小辫子，我灵机一动，便也和妈妈重新开始编织。我们先用六股丝线编成一根儿长长的辫子，再请张瑞琦教我怎样编织吉祥结。在他的帮助下，我的中国结终于闪亮登场了。我编的吉祥结，在阳光下闪烁着红色的光芒，它既像一只翩翩起舞的蝴蝶，又像一朵盛开的鲜花。

哦！我太爱我自己亲手编织的中国结了！

我最喜欢的歌星
——2013年10月25日

　　我喜欢的歌星有很多，但我说出最喜欢的那个歌星时，大家一定会问："你为什么会喜欢一个已故的歌星呢？"这个问题一出来，我想大家一定知道她是谁了吧。她就是当年红遍亚洲的邓丽君。

　　虽然命运不让邓丽君过得好，但上天给了她一副好嗓子。我曾对妈妈说："我想成为第二个邓丽君！"妈妈立刻由温婉的公主变成了暴躁的神冥，说："你怎么可以成为第二个她呢？她的命运可是悲惨到了极点呀！"我反驳道："我只是想拥有她那样美丽的嗓音而已！"

　　邓丽君一生演唱了三千多首歌曲，有一千多首流传至今，成为名曲，其中有：《月亮代表我的心》《小城故事》等，颇多曲目。

　　我相信有很多人也和我一样很想知道邓丽君的死因，今天就让我们一起来分析分析吧！

　　她有着美妙的歌喉，她被人们誉为天下无双。邓丽君一生中出现了四个男友，而邓丽君的死，嫌疑最大的则是她的最后一个男友—保罗。这个叫保罗的法国人，是一个刚刚大学毕业的孩子，论年龄，他比邓丽君小整整15岁。论身高，他比邓丽君高出一个头。邓丽君的父母是强烈反对她和保罗在一起，而邓丽君却觉得这个男人十分不错。一天下午，保罗说他去买点水果，走前，他反复叮嘱邓丽君，起床后一定要喝下那杯水。过了一会儿，一名女子从房内冲出，不断地喘息着，服务员闻声赶来，马上把她送往了医院。到了医院，医生检查得知，她是得了哮喘病，早在半路上就已经撑不过去了。保罗赶来以后，告诉医生，这名女子的中国名字叫作"邓丽君"！保罗还坚持不让医生解剖她的遗体，不知是为了保护爱人的身体，还是有什么不可告人的秘密……

　　虽然邓丽君已不在人世了，我心里也会永远记住这个名字和她优美的歌声。

毛笔和墨汁

——2013年11月1日

一天，毛笔和墨汁比本领。毛笔说："主人用我写出的字遒劲有力。"墨汁说："主人用我写出的字乌黑亮泽。"毛笔说："我可以做一件事情，证明我的本领比你大。"墨汁说："我也可以做一件事情，证明我的本领比你大。"说完，两人便各自准备去了。

就在当天晚上，墨汁和毛笔都做出了不可思议的事情。墨汁竟把自己肚里的墨倒得一干二净。当然毛笔也开始把自己身上的笔毛往墙上抹抹擦擦，直到不能写字为止。它俩都想着一些事。毛笔想："没有我，看你怎么写出乌黑亮泽的字。"墨汁想："没有我，看你怎么写出遒劲有力的字。"与此同时，有一对好兄弟正目睹着正在发生的这一切。

第二天，主人走进书房，准备练字。看见空空的墨汁盒与破烂的毛笔，不禁叹息一声，随手把墨汁盒与烂毛笔丢进了书桌旁的垃圾桶里。它俩只能委屈地躺在果皮纸屑之中，追悔莫及。

站在书桌上的钢笔墨水两兄弟惋惜地说："你们为什么要自相残杀，斗得两败俱伤呢？像我们这样友好相处、互相帮助不是很好吗？"

经过这次的事情，毛笔和墨汁终于明白了一个道理：只有精诚合作才能成就彼此！

我是水

——2013年11月5日

大家好，我是水。在生活中每个细节都会出现我的身影，我在人体中有非常重要的作用，我在人们的日常生活中也不可或缺。

作为一种生物，人体也是由细胞构成的。生命的活动，就是细胞不断分裂、生长、衰老、死亡的过程。可是你知道吗？在一般的细胞中我至少占70%。如果你有50千克重，那么我差不多占了35千克。血液中我大约占70%左右，再深入进去，即使骨骼中我也占20%以上。可以说，没有我，就没有生命，也没有人类。我是生命的摇篮。

有人把人体比喻成一个加工厂，人体活动和成长需要蛋白质、脂肪、糖等营养。血液、淋巴液在体内不停地循环，把营养和氧气运送到身体的各个器官；又把肌体活动产生的废物和二氧化碳运送到相应的器官，通过呼吸、汗液、尿液等排出体外。因为不断地吐故纳新，人体才能获得能量、保持活力，才能行动、思考、说话，才能生长、繁育。我是人体进行新陈代谢的大功臣。

如果我们把人体喻为一部灵活的机器，那么这部机器就不能缺少润滑剂。人体内，我润滑眼球，我润滑口腔，还有一些润滑人体关节的液体，我才能很好地保护身上的"零件"，使它们运转自如；而皮肤有我的滋润，才能保持弹性和光泽。

我是人类生命的源泉，生命的摇篮，我一直努力完成自己的工作，让人类更健康、更快乐！

我是水，H_2O！

趣味乒乓球接力赛

——2013年11月25日

　　哇，又到了一年一度的田径运动会了，我心中的小宇宙都要爆发了。可惜这次运动会我几乎都没参加什么项目，除了全班都要参加的接力赛！

　　迎面接力赛虽然激烈，但更刺激的还是趣味乒乓球接力赛，也是我最期待的比赛。这项比赛是要把球放在球拍上端着跑。我十分在行，因为我掌握了其中的技巧。但排在我后面的几个男生真让人担心，他们要不就是走得太慢，要不就是走到半路就会掉球，这会花费很多时间。

　　"砰！"发令枪一响，比赛开始了，我们班同学都端着球拍小心翼翼地往前冲，却还是很难避免不掉球。看得我好紧张呀！轮到我了，我接过球拍，马上按住球，握好球拍。我一定得快点冲，不然就得不到第一名了。我端起球拍跑起来，跑到中途，球好像生了根，稳稳地一点不动弹。我左右望望，我有些落后，我一定要超过其他人！我端好球拍，开始加速，我比旁边一班的同学抢先一步冲到了对面，把球交给下一个人。等到我身后的袁羽彤也完成了接力后，她告诉我："甘老师刚才夸奖你跑得好快！"我听了这话，心里美滋滋的。

　　比赛还在激烈地进行着。该潘心扬了，潘潘平时就跑得不好，总掉球，真为她担心。果然，今天正式比赛了，她的状况也频出，一会儿掉球，一会儿走错道，即使已经慢得如蜗牛了，她还在掉球，我真着急。好不容易她端着球到了终点，把球传给了下一个同学，总算完成了任务。不过，她真的应该多练习一下，我正这么想着，但唐婧和曹可青她们在旁边开始不断地责怪起她来，让潘潘很难堪。这时，蔡思真站出来对她俩吼道："你们不要怪她了，至少她尽力了呀！"这一句话把她们说得哑口无言了……是呀，接力赛需要的是团结合作，每个人都是关键的一环，只有大家都齐心协力做好了，才能取得胜利。

　　这真是一场既惊险，又体现团结的运动会呀！

鳖的快乐

——2013年12月9日

　　高兴时，我与群鱼嬉戏，参观"海洋知识馆"；疲倦时，我浮出水面，细听海鸥歌唱，倾听大海妈妈讲述大海的故事，随着悦耳的歌声和动听的故事，缓缓入睡。

　　早上太阳刚升起时，我渐渐苏醒，望着被朝霞照得满面红光的大海，多么平静，多么安详。

　　夕阳落山时，我依依不舍地想要挽留它，可夕阳却对我说："我们明天还会相见！"

　　慢慢地，月亮升起来了，给大海披上了一件银色的大衣，我放眼望去，看到的只是一片银光。

　　当海面波涛汹涌时，我便回到自己的家躲过处处劫难，安然享乐。

妈妈的记录：

　　老师布置的仿写作业，要求：学习了《井底之蛙》一课后，仿照青蛙向东海之鳖炫耀自己的快乐那一段，充分发挥你的想象，试着写一写鳖的快乐，字数要求为200字左右。

人生中的第一次后悔

——2013年12月20日

小胖是一个从不后悔的孩子，可出乎大家意料的是，这次小胖竟为了一件小事而后悔了。

今天，小胖上学迟到了，在老师叫同学们交作业时，小胖站在了门口，林老师走过来拍拍他的肩膀，微笑着对小胖说："小胖，快回到你的座位，把作业交上来吧！"

小胖这才回到座位上认真地翻找着作业，这时，小胖才想起来，原来自己忘带作业了。

他不好意思地走到林老师面前，低下头，用蚊子般的声音说道："我……我忘带作……作业了。"

林老师的微笑好像被一阵风吹走了，带来的却是林老师大发雷霆的场面。林老师一拍讲桌，怒吼道："小胖你怎么没带作业？"

小胖怯生生地应道："我……我……"

话还没说完，林老师已经怒气冲冲地瞪着小胖吼道："你还想狡辩！我让你罚抄100遍昨天的作业，100圈跑步，还要请家长！"

小胖听到这句话吓得脸色苍白不敢吱声，他心里暗暗地想："要是我昨天做了作业就不会受惩罚了，呜呜呜！"

放学后，小胖的父母来了，小胖的父母看见儿子被留堂，真是气极败坏，可在老师面前还是一脸和善。老师一见小胖的父母就急忙问道："你的儿子怎么没写作业？"小胖的父母羞愧地红着脸低下了头。在一旁的小胖看着这个场面，顿时觉得很后悔，便在心里暗暗下了一个决心，就是不管老师布置任何事，只有一没有二。

这个小小的错误，是小胖人生中的第一次后悔。也正因为这次后悔，让小胖懂得了许多道理，也养成了良好的学习习惯。

平底锅不见了

——2014年1月5日

一天，红太狼起床时，发现平底锅不见了，于是赶忙去质问正在熟睡的灰太狼。红太狼叫道："灰太狼，是不是你把我的平底锅藏起来了？"红太狼这样一叫唤，把正在熟睡中的灰太狼吓得滚下了床，他说："老婆，我怎么知道呀，呼呼！"红太狼气愤极了，马上去摸平底锅，可是……

红太狼对灰太狼喊道："快去把平底锅找回来！""是、是……是老婆，我马上去。"

接着灰太狼开着飞机，来到藏着平底锅的广阔草坪上，把飞机停在了草坪上，摆好太阳椅坐在了上面。他心里暗暗想着："我在这儿休息一下，再把平底锅挖出来。"

太阳快下山了，灰太狼才想起平底锅的事。灰太狼开始慢慢挖起来，挖到十米深的洞底时，他才发现，哪里有平底锅的影儿呢？这时，灰太狼抬头一看，便惊慌失措地大喊道："救命啊……"一小时后，从狼堡里传出阵阵喊叫声来。"我的平底锅呢？"红太狼问道。灰太狼说："是……是我错了，马上就去找。"

灰太狼走到半路，突然他脑子里闪出了一个念头。他想："老婆要平底锅，我给她做一个，不就完了吗？"想到这儿，他豁然开朗，回到实验室做起来。

平底锅完成了，但这可不是一般的平底锅，用这种平底锅打灰太狼，他是不会疼的。红太狼看了看平底锅，又打了一下灰太狼，可灰太狼纹丝不动，红太狼就说："这里面绝对有问题。"便打了一下桌角，桌子立刻着了火。这时红太狼才明白了其中的秘密，说："灰太狼，你敢骗我！"说着就把灰太狼打出了狼堡。灰太狼大叫道："我一定会回来的！"

毛毛当小管家的心得
——2014年寒假实践作文

计划

我本打算与黄昕瑶和曹可青一起当一天小管家，可我听她俩商量的结果是去黄昕瑶家里时，我立刻打消了跟她们一同合作的念头，因为黄昕瑶家有我害怕的小动物——狗狗"汉堡"。要是我能不怕狗就好了！唉！

合作不行就自己来呗！"种瓜得瓜，种豆得豆。"你劳动了，那必定会有成果的。虽然团结的力量比较大，但若是三人意见不和，就会引起冲突。为了避免这种有可能伤及友情的情况发生，我还是自己来做吧。

那么，我就在明天管理起自家的杂物事了哦！我心里暗暗自喜，连外面下着的蒙蒙细雨，都变得有一丝丝温暖了。

记录

今天我当家，意思就是今天的这个小家由我来管理！如果由我来管的话，我一定会组织我们一家三口去"宜家"，当然，我也是这么做的。

我们一起去了"宜家"，在那里的样品区我们找到了令我们心仪的书架与餐桌，记录好型号，然后赶往配货区按清单上的型号找到了书架与餐桌组装零售配件，去货台交了钱，就急忙开车回家了。

回到家，我们先装好了餐桌，由爸爸妈妈一起把餐桌搬进了餐厅。下一项任务由爸爸完成，就是组装书架，他可能干了，一会儿就成功了！我和妈妈又一起把所有四处散落着的书都归类摆放好。一个小时后，我已经累得筋疲力尽，还好书都整理完了。呼！当管家真累呀！

心得

经过了这样一天，我才真正觉得自己是"身在福中不知福"啊！我每天都会得到爸爸妈妈细心的照顾和呵护，想想那些留守儿童们，父母都不在身边，他们早早地当起了小管家，每天还得下田干活，不知比我今天辛苦多少倍，但我有时还不懂得珍惜，是不是很不应该呢？我们有爸爸妈妈的爱和温暖的家，可以和同伴一起上学，听老师传授知识，可以拥有很多玩具和漂亮衣服，还有好多美味可口的食物，我们是多么幸福啊！

幸福是一个温暖的拥抱，幸福是一个亲切的吻，幸福是在你渴望一滴水的时候有人递给你一杯充满爱意的水，幸福是在你寂寞时有人陪你说说心里话，幸福就是当你打开邮箱发现有一封从远方寄来的家书躺在那里……

幸福无处不在，只要你守护着它，它就会一直陪伴着你。幸福，就是要学会珍惜身边的每一个人，每一点，每一滴，直到永远，永远……

大地的话

——2014年2月24日

假如你是落叶，
请展现你的风姿。
这里有轻盈的风，
湛蓝的天空。
可以随风飘扬，翩翩起舞。
让你金色的卷发，
一丝一丝地在风中轻轻飞扬。

假如你是雨滴，
请你落进我的体内。
这里有舒适的小床，
柔柔的绿被。
你可慢慢游弋，
与伙伴嬉戏，
与小苗私语。
无论你去到哪里，
我总觉得很安心。

大自然的话

——2014年3月7日

大自然在诉说，你听——

天空对大地说："咦？大地，你在哪儿？我看不见你！你看见我了吗？"大地惋惜地说："唉！这污浊之气真讨厌，不仅污染了你，就连我身边的小溪妹妹也变得浑浊不堪了呀！"

大树对小鸟说："小鸟，现在的森林愈来愈少，可能以后你们能看见的只是一节节树桩了！"小鸟可怜巴巴地说："是谁毁了我们的家园？还不是那些又丑又脏的'黄巨人'呀！真讨厌。"

小草对土壤说："我现在很矮小，不足5厘米。我想长高，看看广阔的花花世界，可是……"土壤说："这不是我的错，而是空气太干燥，而且经常会有人踩踏草坪，所以我才会这么坚硬，让你不好生长的呀！"

大自然在苦苦诉说，大自然在悄悄哭泣……

人们毁掉了生机勃勃的树林，毁掉了小鸟美丽可爱的家园，毁掉了湛蓝如洗的天空，毁掉了……让原是一片碧绿的地球变成了灰暗的荒园，这多么令人痛惜呀！

只要大家齐心合力保护地球，让锯口远离那些青葱翠绿的大树；让从枪口射出的子弹远离飞鸟；让城市中排出的污气永远消失在世界上，让天空永远清澈。

大自然是我们美好的家园，保护地球就是关心自己，你们听见大自然的心声了吗？

快乐的小女孩
——2014年3月9日

清晨，朝阳冉冉升起，太阳的光辉透过一棵又一棵大树，斜射下来，林间顿时洒满阳光。一颗颗露珠在朝阳的照耀下，晶莹剔透，发出微微的银光。绿缎般的草地，静静地享受着阳光的照耀，整片树林美极了！

一个小孩，光着小脚丫，从晨光里走来。她的眼睛大大的，水汪汪的，洋溢着快乐和活泼。她的脸像一朵盛开的花，她笑着跳着，十分自在。小孩头上的羊角辫很俏皮，还扎了两根红头绳。她穿了一件上面印有可爱兔子的上衣，一条小短裙，看上去就像是森林里的小精灵。

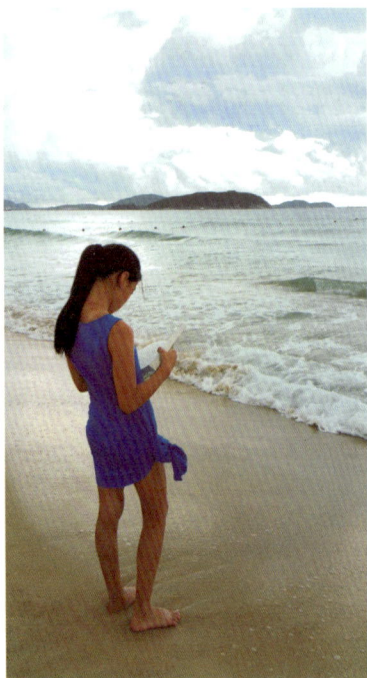

"知——了——"小女孩听见知了的叫声欣喜若狂，直奔柳树。啊！终于找到你了，小知了。小女孩一边跑一边想着。她找到了那棵树，便握紧竹竿，慢慢地举到半空中，小心翼翼地伸向知了。"啪！"知了被粘住了，小女孩欢天喜地地把知了放进口袋，便跑向了下一棵树……回家的时候，她的口袋已经鼓得像气球了！

小女孩成天就这么快乐，一直都是，这就是她的童年！

我们的手

——2014年3月13日

我们的手，是花朵，
在乡村与城市之间，
流淌着艳丽的色彩，
唤醒人们美的感受。

我们的手，是公路，
点缀着大山爷爷，
在千山和万海之间，
架设起快捷的通道。

我们的手，是画笔，
在粉笔与黑板之间，
画出复杂的图纹，
传授丰富的知识。

我们的手，是春风，
在枯木和新芽之间，
做出明确的抉择。

寻找春姑娘

——2014年3月16日

"Good Morning！Spring！"校门口的值周同学在彬彬有礼地向春姑娘问好了。

真的吗？春来了吗？我向上看，听听风，在哪儿呢？我向下看，揉揉眼，在哪儿呢？我来找一找吧——

第一位让我眼前一亮的"春姑娘"是旗台边的杜鹃花。它们一张红红的脸俏着呢！红中带粉。摸一摸，它们的花瓣滑溜溜，好似摸着女子的秀发。远看，又好似一朵朵明洁艳丽的丝绸花，在阳光下跳动。虽然今天下了点太阳雨，可花儿的"心"没下雨喔，仍旧盛放着，慢慢地，慢慢地，旗台就变成了花的舞台……

走进学校的另一个角落，一股淡淡的香味飘了过来。哇，玉兰！一株婷婷玉立、洁白明亮的白玉兰，出现在我的眼前。我仔细数了数，那些完整的玉兰花每朵都有九片花瓣。可惜的是，我个子太矮，根本摸不到最低的那片花瓣呀！所以我不知道它摸起来是怎么样的感觉，我多想摸一摸呀，我想，它一定如玉般温润吧！因为，那股芬芳扑鼻的香气多么怡人呀！

校园中还有许多其他不一样的花草树木，如海棠、桂花、榕树……它们发芽的发芽，抽条的抽条，开花的开花，春，真的来了！只是，它悄无声息，偷偷儿地布满校园。这"淡妆浓抹总相宜"，四季里最可爱、最美丽的春姑娘，我，找——到——了！

种植日记

星期一　　3月17日　　天气：晴~阴

一颗充满希望的种子

今天，我在学校把我的向阳花种子种在了蓝色小花盆里。

我在草棚底下，给它施上自己带的肥料，用水龙头上那一股最细的水流为它浇水。

希望它可以永远好好地成长！等它发出新芽了，像其他花儿一样长叶子了，慢慢地开花了，一定会很美。

向阳花永远仰目朝天，把世界打扮得更美丽！虽然它没有香味，可等它开了花，就能结出一颗颗小小的生瓜子，到那时，我又可以打造出新的一片"太阳花的小洞天"！

星期二　3月18日　天气：晴

种子想发芽

我的种子肯定是还没有发芽的，但我听到了它们的悄悄话：

"你好，我叫阳阳！""你好，我叫向向！""想要从土里伸出头来，就必须先长出根啊！"它俩都赞同，于是，开始一起奋斗，努力长根。

而今天我去试着扒一扒土看那几颗最大的种子时，它们不再像以前那样，可以让我随时提起、放下了，而只是轻轻偏一下脑袋，又正了回来，活像个"摇头翁"！还有几颗微小得让我怎么也看不见的种子，我猜测，它们肯定也在努力长出根须来吧！

在这烈日当空的一天，我的期盼也在心里开始生根了！

星期三　3月19日　天气：晴

期盼种子发新芽

"种子，你什么时候才能发芽啊？……"我在早上出门前不断地念着那句话，可出门时却忘记把它拿到学校了！唉，希望它不要缺水呀！我真想马上飞回家，给种子浇上一股股晶莹的水流。

在学校里，课间十分钟，我一直在想我的种子是否能尽快发芽，真的很期待呢！想着向阳花在明媚的阳光下，绽放美丽的笑脸，向太阳公公诉说自己心事的情景，真舒畅！

种子用那么长的时间生根发芽是为什么呢？上天为何不让种子快快发芽呢？要是我会魔法就好了，那种子们一定会乖乖听话，快快发芽的！

这几颗小小的种子竟然成了我今天最大的心事。

星期四　3月20日　天气：晴~阴

"新朋友"

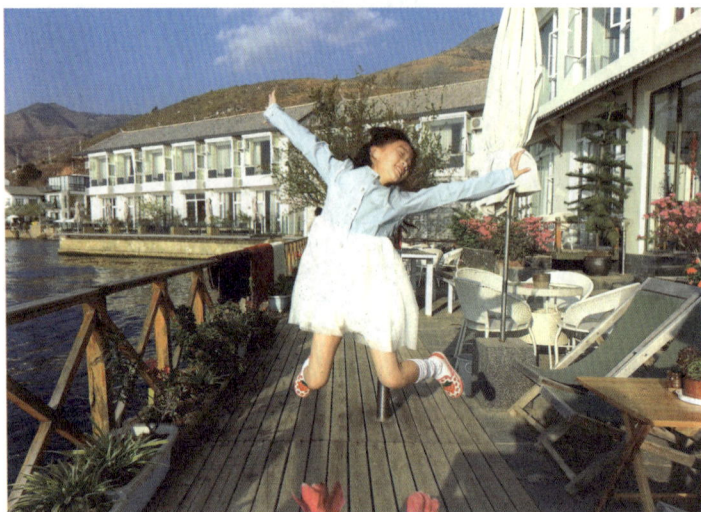

　　今天，我的花盆里来了一位新"朋友"，它的名字叫"太阳花"。太阳花的芽特别小，就像一颗小小的芝麻，一个小小的袋子就能装几千粒种子，它的大小差不多就跟这个小点"·"一样大呢！

　　既然来了新"朋友"，老"同志"们当然就会忙得不可开交了，因为要为它们介绍地形啦！有的给它们看地图；有的给它们指路；有的带它们东奔西跑；有的则坐在路边，为新"朋友"们照亮那条幽暗的小道……

　　可从表面上看来，这里的一切，包括新种子们，看上去都是那么平静，那么不动声色！

迎面接力赛

——2014年4月3日

春天来了，小鸟在枝头鸣叫，校园里草长莺飞、百花齐放。我们又迎来了一年一度的春季趣味运动会。

春季运动会项目可多了，看——迎面接力、赶小猪、跳长绳……其中，我觉得最有趣的还是迎面接力赛。

很快，接力棒就到了我们四年级的手中。我们排着整齐的队伍来到了比赛场地，我排在第七个，看一班和我一起跑的对手，有一点胖胖的，好像很笨拙，应该没我跑得快吧，我还有些微微轻敌了呢！

该我跑了，我忽然紧张起来，接棒的手长长地伸了出去，双眼紧紧注视着向我跑过来的同学，"千万别掉棒！"我心中默念。我朝后面的同学做了个鬼脸，立刻接过棒，像离弦的箭一样冲了出去。就在我冲出的那一瞬间，一班的那个同学摔倒了，我也顾不上她了，依旧跑我的。很快，我追上了三班、四班的同学，呼呼的风声在耳边鸣响，可我似乎觉得这条跑道特别长，永远跑不完似的。终于，我把棒交给下一位同学，像完成了重大任务一样轻松下来。啊，我又像去年一样，帮我们班夺回了一棒，真感到无比荣耀啊！

最后一棒是我们班的"得力干将"张培真，他是年级闻名的飞毛腿，有他就胜券在握了。张培真接过棒，闪电般跑起来，超过了其他班同学，第一个跨过终点。就在他跨线的那一刻，我们班跑道两边的同学欢呼起来，我们一个个都忽然变成了"热锅上的青豆——蹦得欢"！此时，太阳公公仿佛也在为我们的胜利喝彩，阳光更明媚了，照在跑道上，照在我们喜悦的脸上。

接下来的比赛继续进行着，我们的表现依然十分出色，但我仍然只对迎面接力赛记忆犹新！

我有一双灵巧的手

——2014年4月25日

我有一双灵巧的手，它可以用小小的皮筋绳编出一条条五彩缤纷的指环、手环与项链。

我有一双灵巧的手，它可以拖地、洗碗、擦盘子。把它们都变得洁白明亮，醒目万分，看起来像白玉一样。

我有一双灵巧的手，它可以画出一幅幅逼真的山水，它可以画出一张张生动的花鸟。用毛笔记录下这一切，让世界的千万美景，永远定格在人们的眼底。

我有一双灵巧的手，它可以弹出一首首优美的钢琴曲，你听《土耳其进行曲》《弦子舞》《浏阳河》，都是那么悦耳动听。

这双灵巧的手，细腻修长，十分好看，它不仅可以劳动，还可以谱写出美的旋律。我谢谢上天给了我一双如此灵巧的小手。

妈妈的手

——2014年4月7日

我牵过的手有很多，但让我感觉最温暖的手，还是妈妈的手。

妈妈的手十分细腻、光滑；妈妈的手指十分修长，我弹钢琴的手指可能也是遗传妈妈那修长的手指吧！

在我生病的时候，妈妈的手，像一辆救护车，把我抱去医院，那双手是如此有力，如此温暖。当我从医院回到家中，在妈妈温柔的双手安抚中，我很快就沉沉睡去。我知道，深夜里，妈妈依然守护在我身旁，用手试探我额头的温度，用手拭去我背上沁出的汗水。因为妈妈的照顾和关心，我才能够安稳地入睡。妈妈的手，让我觉得十分安心。

在我难过的时候，妈妈的手，像一盏明灯，抚慰我受伤的心灵，引领我走出黑暗。妈妈的大手拉着我的小手，用最亲切的话让我明白人生的道理，让我的不开心烟消云散，让我重新变得充满自信！妈妈的手让我觉得十分快乐。

在我饥饿的时候，妈妈的手，像一个魔术师，为我做出许多美味的佳肴，不论酸、甜、苦、辣，每一道菜品都那么可口、好吃，让我觉得那些饭菜是天上神仙才能吃得了的奇珍异味呀！妈妈的手让我觉得十分幸福。

妈妈的手是多么的奇妙！妈妈的手让我感到安心、快乐、幸福，这种种的爱和情感，是任何其他一双手都无法给予我的，我永远爱我的好妈妈！

K歌大巴

——2014年4月18日

春天来了，学校又组织了好玩的春游活动。

在川菜博物馆和科技园，我了解到很多的知识，也感受到了无比的快乐！

但就算这些再好玩，在我心中这次活动中最好玩的事情，是回来时车上的那一件件乐事。听到这儿，你是不是觉得很诧异，那就让我讲给你听听吧！

春游回城的时间很快到了，我们都上了车，准备回学校。女生坐前面，男生坐后面，车开动了起来，我望向窗外。金黄色的油菜花在风中摇曳，太阳慢慢变得昏黄，落下山岗。夕阳下的油菜花显得更加可爱，使人留连忘返。车厢内十分安静，大家已经昏昏欲睡。突然，车里响起了一片歌声，回头一看，原来是男生在唱歌。哈哈，女生也不能示弱，咱们来和男生们PK吧！

先听听男生们唱了些什么歌呢？《逆战》《春天里》，这些歌曲曲调悠扬，欢快激越，特别豪放。

我们女生就来点婉转悦耳的吧，《让爱传出去》《我们都是好孩子》《绿荫》一首首悠扬的歌声在车厢里飘荡。

就像对山歌一样，男生和女生的歌声此起彼伏，好不热闹。结果，就算男生人数再多，也比不过我们女生百灵鸟般甜美的嗓音，我们被同学们封为"K歌之王"。

这样的春游记忆是不是很特别呢？

五彩菱角

——2014年5月30日

"今天，我们请黄昕瑶来教大家做五彩菱角！"甘老师宣布道。黄昕瑶拿着自己的工具走上了讲台，准备开讲了。

她先拿出自己早就包好的菱角，有模有样地开始了她的演讲："首先，你们得先把已经包好的菱角拆开。"说罢，她自己便带头拆了起来。同学们见了，也纷纷仿效，但有的却疑惑不解，弄不明白做好的菱角为什么要拆开，有的也一脸茫然。"然后，把一端裹成冰激凌状，将线绕在上面，再照原来的方法把菱角包好，记住，一定要在菱角的尾端打上一个结，不然菱角就会逐渐下滑，那样就不美观了！"黄昕瑶边讲边观望，把冰淇凌状的菱角放到投影仪下面，又手把手地教我们绕彩线。看着她的一举一动，我对她可是佩服得五体投地！她太棒了！

回家以后，我完成了我的五彩菱角。菱角长得十分小巧玲珑，粉嘟嘟的，用红色丝线包裹，又缠绕了些粽叶绿，这些颜色加上以后，小菱角似乎活了，像胖娃娃脸上泛起了一丝红晕，我仿佛走进了小菱角的世界里……

小菱角和我一样喜爱音乐，此时的她，正坐在钢琴前，弹着英国民歌《绿袖子》。当小菱角弹完这一曲，我禁不住边拍手边叫："弹得真好！"这时，小菱角才发现了我，对我友好地笑了笑。我们俩马上就成为无话不说的知己。我们喝着暖暖的珍珠奶茶，谈心说话，那话绵绵远远，总也聊不完……

菱角是我永远的朋友，她会永远陪伴在我左右！

我是一朵花

—— 2014年4月10日

　　我是一朵花，当一阵清香的风吹来时，我总会轻轻地点头，向风耳语："风哥哥，早上好呀！你今天真帅气！"风抚摸着我可爱的小脸蛋，也悄悄地回答："你是我见过的花儿中最美丽的。"说完，便急匆匆地走了。我真高兴，能有这么一位帅气的风哥哥夸奖我，真棒啊！

　　我真的很可爱，我每天都会戴着一条粉色的五片花瓣形围巾，也不知从何时开始，这就成为了我的习惯。我有一张黄黄的小脸蛋儿，上面嵌着两颗黑宝石般的大眼睛。我时常望着那蓝天上的每一朵白云宝宝，轻轻飘过的身影，我羡慕它们那么轻盈，那么洁白。我还有一张樱桃般的小嘴，在粉色围巾的衬托下，更加艳丽夺目了。我的身体十分细长，似乎有些瘦弱。但是，就算再大的风暴，也对我无可奈何。我的手中始终拿着两把绿油油的小扇子，风暴来临时，我会躲在扇子下面，不受任何伤害。天晴时，我又用它们扇扇风，不让太阳公公把我的围巾给烤焦了，那样我可就不美了呀，呵呵！

　　我住在一片平旷的土地上，那里有许多我的同伴，它们都和我一样美丽。

　　一天清晨，一位园丁来到了这片繁花似锦的花地。我以为他是来为大树爷爷剪胡须的，可没想到，他竟想把这片美景送给自家的主人，博她一笑。他打通了木匠的电话，让木匠马上送来一批白木栏，他要把这儿围起来。随后的时间里，我忐忑不安，生怕他会对我们做些不利的事情。三个小时后，木匠开着卡车来了，他给了园丁那些新的白木栏，园丁给了木匠一张粉色的百元大钞，木匠开着卡车走了。而园丁却忙开了，把白木栏插在我们身旁，就去向主人报告，等着领赏。

　　晚上一场倾盆大雨不期而至，木栏没插稳，倒了一片。苍天有眼呀！在那一瞬间，我在风哥哥的帮助下，机灵地往旁边一摆，躲过了这一劫！啊，我真幸运！

　　我是一朵花，一朵平凡而美丽的花！

空中开放的花朵

——2014年5月16日

你们知道空中开放的花朵是指什么吗？是在空中翩翩起舞的蝴蝶吗？不是。是在缓缓飘落的黄叶吗？也不是。其实呀，这花朵正是我们都知道的降落伞。

降落伞不只是在空中的姿态优美，像绽放的花朵，更重要的是在现实生活中显示出了实用的一面。它是飞行员的救命伞，可以在最危险的时刻挽救飞行员的性命；它还承担了投放物资、帮助飞行员空中加油、减速等任务，可谓功能多多啊！

星期五下午，太阳公公总是躲进云被里不肯露面。但我们心中的热情却没有被浇灭，我们放飞自己制作的降落伞。带了降落伞的同学听从代芸萱的安排，排成一行，依次放飞他们的"梦想之翼"，让梦想远航，祈祷梦想之门早日为你而开启！

同学们制作的降落伞多姿多彩。其中，外形最美观的是小庞的降落伞。她的降落伞在伞面中心画了一个小阿狸，我猜小庞肯定觉得这样太单调了，于是，便让小阿狸抱着一个蝴蝶结，这样既美观又立体。在放飞的时候，小庞的降落伞开始还平稳下降，可是就在它快要落地的时候，竟然来了一个360的后空翻，坠落在了地上，真是太不可思议了！

要说飞行最平稳的降落伞嘛，那张培真的降落伞肯定属第一。他那片没有一点儿"瑕疵"的"大白花瓣"，缓缓落下，比真正的花瓣飘飞得还平稳些。最后，张培真的降落伞躺在地上，像睡美人一样静静地睡着了。

同学们的降落伞各有千秋，有的外表美观，有的姿态优雅，还有的像在表演杂技，这可真是太有趣了！

在最后一幕里，所有同学的降落伞一起从天而降，飘飘荡荡，像一个个美丽的花仙子在欢快地舞蹈。

雪白的花瓣，超萌的阿狸，在我们笑脸的衬托下，变得更加美丽！

燃烧的笑脸

——2014年6月9日

今天，烈日当空，小鸟在枝头开着演唱会，蜜蜂在花丛中采着蜜，学校里一片其乐融融的景象。我们拿着放大镜兴奋地来到操场上，准备通过放大镜点燃纸片。

纸片会被点燃吗？科学老师说，凸透镜中间厚两边薄的特点是大家都知道的，它会将许多阳光聚集在一起，再照射到纸片上，形成一个小的光斑，小光斑热能量越聚越多，温度也就越来越高，如果温度高到纸的燃点，纸片就会很容易点燃啦！这个原理让我想起了阿基米德让大家排成一字，用镜子点燃敌军船帆的故事，应该也是这个道理吧！

真是这样吗？我疑惑不解。但我更弄不明白的是为什么刘锐要在纸片上滴墨水？那样纸会湿，要是纸湿了，不就更难点燃了吗？如果纸点不燃，不就没什么意思了呀！种种可能在我脑海中游荡，就在我胡思乱想之时，惊人的一幕发生了。刘锐紧握的放大镜下，小光斑准确无误地落到墨汁的中间。仔细一看，哇！有一个小小的洞，慢慢地，这个洞洞越来越大。咦，小洞洞的边缘怎么有一圈红红蓝蓝的呢？是洞洞的颜色吗？难道是……火？哇，这真的是火啊！火苗在那团白云似的纸片上跳跃，像一朵荷花徐徐绽开，让天空多了一丝美丽而淡雅的色彩。可惜，这来之不易的惊喜，没过一会儿，便消失了。刚刚白云似的纸片已经变成了灰烬，像一朵硕大的乌云！这时，下课铃响了。

在火苗的照映下，一张张笑脸缓缓绽放，我们点燃的只是一张纸片吗？不，是一张张欢乐的笑脸！

旅行中的怎么办

Hi，大家好！今天我要带大家来一次"如何应对意外"之旅，大家一定会觉得很奇怪吧，你跟着我来就明白了，神奇校车起飞！

哇，到达目的地了！这里有好多"怎么办"的解决方案啊，真是让人眼花缭乱。我们来看看有哪些怎么办吧！

怎么办1：掉进水里怎么办？

有人叫到"凉拌炒鸡蛋"。卷毛老师说："才不是呢！要听书中怎样回答。"

全解："如果你是一个身强力壮的人，但还要会游泳哟，你可以尝试着游回岸边。如果你身边恰好有安保人员，你可以大声喊救命，让专业人员来营救你，千万要记住，在安保人员到达你身边时，你不要使劲挣扎，要顺从配合救援人员，这样才方便他们能快速安全地把你救回岸边哟！"

怎么办2：碰到坏人抢劫怎么办？

这次没有人喊了，但有人叫道："我知道。"卷毛老师沉默无语。

全解：首先最快的解决方法就是逃跑，因为你不可能赤手空拳和歹徒搏斗一场，当然如果你是柔道高手可以考虑这个方案。其次你可以拨打报警电话120，哦，不对，是110，让警察赶来帮助你。

怎么办3：碰到野兽怎么办？

这次再没有一个人说话。卷毛老师点开了答案。

全解：如果碰到的是狗熊，你就可以装死，那就要考考你的装死功能怎么样了。另外，你可以躲起来，如果是不会爬树的猛兽，你还可以爬上树去避险。

突然这本书被打开了，全体团员一起同时叫道："怎么办？"

扫 雷

"啊，救……救命呀！有'敌人'在教室里埋了5枚……枚'地雷'！"一个人惊慌失措地大声叫道。大家都惊呆了，有的人叫喊着："妈妈，妈妈快来救我呀！我还不想死呢！"有的人脸色开始发青，还有的则直接昏死过去……大家千万别着急，我们还是跟着"军事司令"冯司令一起去现场看看，是怎么一回事儿吧？

扫雷当然得有"先遣部队"喽，"冯司令"选了三人一犬组成一组，分别是："钟光荣""陈大胆""吕怕死"，和一个不知是投错胎了，还是怎么的"马小犬"。

当然，除了这些能上"战场"的"战士"，还有没被选中的懦夫和勇士，无辜的"老百姓"，也不知所措。下面我们的性命也只能看"先遣部队"的"成"与"败"了。为了我们这些无辜的"老百姓"，你们也得加油呀！

"先遣部队"带上他们的"扫雷工具"出发了，他们左看看、右瞧瞧，"马小犬"趴在地上东闻闻、西嗅嗅……

"五、四、三、二、一，时间到！"冯司令说道。第一个"先遣部队"光荣地被"地雷"打败了，他们不得不缴械投降。第二批战士即将出战，请大家做好准备。

这时，"冯司令"说道："这第二批嘛，就是我们整个班级了，准备三、二、一，扫雷开始！"

……

"停，五颗大白兔奶糖均被发现，大家安全了！"冯司令说道。

我虽然没有找到大白兔奶糖，但所有人总算是安全了。这样，我可以说，自己已是非常满足了！

吹牛皮

　　为什么牛牛满天飞？当然有人在地下吹啦！谁在吹呢？肯定是我们喽！可是你吹牛也要打草稿，不然很容易把牛皮吹破的哦！

　　我们进行了吹牛大赛，规则是：你想到什么句子就马上举起手，还可以为小组加一分呢！就是这么简单哦。同学们的精彩发言很快就让我听得入了迷。突然我的脑子一片空白，好像煤气泄漏了一样，立刻就爆炸开来，变成了一片火海，可是在这片火海中，突然出现了一个句子，正当我要举手时，却被别人抢了台词。

　　第二轮比赛是我和我的同桌先用石头剪刀布的方式来确定谁先说。结果我输了，那么就让我先来吧！我说："一个人在山中迷路了，一整天都没吃饭，等他走出了那片森林，实在觉得饿，就把嘴放到一座山面前张开把它吞掉，再安回嘴上。"我们又进行了好几个回合的比赛，还是没有分出胜负，可是冯老师喊："停！"我们也只好停下来了，可老师又说："再给两三分钟吧。"我的同桌说道："一个人在山中迷路，一整天没吃饭肚子很饿，跳进海里，遇到什么吃什么，这时他遇见了三只章鱼，本该是章鱼吃人的，可是他却把章鱼吃掉了。"我们又大战三百回合，可还是分不出胜负。只好又用石头剪子布分胜负了。结果这次是她输了，要做十个下蹲，"哈哈哈哈！"我大笑。

　　这节课太有意思了。

看图片　写故事

今天，冯老师让我们分成一个一个的小组，用三张纸画图来编出一个故事，然后把我们的图画和其他组的同学交换……如果你想知道后来发生了什么事，请看下文。

游戏开始了，我和张欧影等六个人分成一个组，先有一个人提议说："要不我们就写小明考试得了个"鸭蛋"，回到家……最后小明哭了。"我们三个女生觉得这个结局太平淡了，纷纷要求改改结局，张欧影说："要不这样吧，我们把结局改成小明气愤到了极点，把那张0分的卷子撕成碎片，怎么样？"大家都点头同意了。最后，我们定下的情节是这样的：一天，小明拿到了四单元的考试卷子，他得了0分，可小明并不惊讶，因为他对得0分这件事早就习以为常了。回到家，妈妈拿出小明的测验卷，马上锁紧了眉头，正在看电视的小明本以为妈妈也和他一样早就习以为常了，可事情的发展却不在小明的意料之中，妈妈终于忍无可忍了，怒气冲冲地走出房间，来到小明面前，没好气地说道："小明，你怎么又考了0分？"接着她一把提起小明，还顺手关了电视。把小明带到屋内以后，抬手就在小明的屁股上一阵猛拍，打得小明的屁股开了花。小明趴在床上，拿起卷子用仇视的目光盯着它，小明心想：都是你害的，都是因为你我的屁股才会开花。小明越想越生气，一气之下，小明铆足了劲儿，使劲一撕，卷子就碎了。这就是我们编的故事。

我们和其他组交换了故事，对他们组故事的初步理解是：三个人一起去吃肯德基。但需要排很长很长的队，终于拿到食品了，吃完了以后，三人开心地走了。

下次的游戏会是什么呢？我会用期盼的目光等待它！下次再见。

生命中最重要的人

今天，冯老师说："我们再用玩游戏的方式来学吧！"同学们一听特别高兴，心里的小宇宙都快要爆炸了。我心里也十分高兴，看看外面的瓦房，就像一座城堡一样美丽。

冯老师又说："这个游戏可能会让你哭。"我看着外面的阳光，仿佛马上变成了乌云密布的阴天。接着冯老师让我们写下生命中最重要的五个人，我先写了爸爸、妈妈、奶奶、爷爷，可是最后一个人我不知道该写谁了，我就在萌奇奇和小龟之间纠结了起来。最后我还是选择了萌奇奇，因为它是陪我睡觉的娃娃。我心里觉得冯老师好像有些残忍，只能在两个娃娃里选一个，呜呜！我好伤心，小龟对不起。

游戏正式开始，冯老师大声宣布："有一天，我和生命中最重要的五个人一起乘飞船到了太空。"在飞船中欣赏着太空景象，我看到了许多星球，有火星、土星，还有黑洞，那条美丽的银河慢慢地流淌，我还看到了多布多星球上的多布多呢！

　　我们正在看外面的景色，突然飞船出了故障，必须要有一个人离开。我左思右想，最后我选择放弃我最喜欢的布娃娃萌奇奇，因为它是一个布娃娃，跳下去应该也不会疼的，说完它就跳到了太空中，永远地离开了我。

　　接着还有一个人要离开，我选择了爷爷，我此刻的感受，可以用心如刀绞来形容。

　　我必须还要选择一个人跳下飞船，我选择了爸爸，因为爸爸和妈妈都可以养育我，爸爸又是男子汉，所以我选择了爸爸，我心疼得好像被砍掉了一只手。

　　冯老师又说："必须把最后两个人也给划掉。"听到这句话，我心里在想：苍天啊！你为什么要这么残忍，一定要我失去所有的亲人啊？此时，我已泪流满面。

　　这是我第一次这么深地感受到生命的宝贵和失去亲人的痛苦，我们一定要好好珍惜生命中的每一分每一秒，不要让痛苦占据你的一生。生命只有一次，就看你是选择快乐的生活还是痛苦的生活！

我家的三块石头

我家有三块石头，最小的石头叫兜兜，最大的千层石叫爸爸，第二大的苹果石叫妈妈。下面就让我们来听听这家"石头"的故事吧！

一天，小石头放学了，一出校门就看见千层石在校门口等她。他俩先是默默地走了一段路，"走走走，走走走，我们大手拉小手……"小石头大声叫道，她以最快的速度"滚"了十几里路，突然停了下来，他们……

回到家以后，小石头马上放下重重的书包，拿出听写本，千层石念道："一、蝴蝶结；二、窗帘……"一共听写了43个词。做完听写，小石头立刻拿出其它作业开始写。出乎千层石的意料，小石头竟然在苹果石回来之前写完了作业。

等苹果石回家了，小石头正和千层石玩得不亦乐乎，苹果石问："小石头，你的作业写完了吗？"小石头理直气壮地说："作业我已经写完了，你签字吧！"

到了晚上10点钟，小石头一家人都喜欢看的《爸爸去哪儿》开始了。他们快乐地看电视，看到晚上12点，那时候小石头早已经昏昏欲睡，之后，小石头一家就各回各的卧室睡觉去了。

这家"石头"每天就这么快乐。最后，告诉大家一个小秘密，其实小石头一家就是我们家！

（备注：本文原刊于《华西都市报》"少年派"专栏）

观察十秒钟

"啊，期盼……"我小声地碎碎念道。可是，结果跟我想的一样！今天，冯老师要训练我们"快捷观察"的能力，我觉得这也该算一次游戏课吧！我本以为冯老师只是训练我们的观察能力，不会习作。可出乎我意料的是我们还是得写作文！

那先不说其他的，先来听听我们的游戏过程吧！

首先是"热身赛"：五秒钟，你可以看到什么？冯老师决定每组请三个人上来说自己看到的东西，大家几乎把教室里所有的东西都说了一遍，可就是没有人说班上的任何一个同学包括冯老师，大概是不准吧！

接着，就是正式的"快捷观察大比拼"，全班所有同学都得参加。第一轮，我们分成三组，我们第一批"登上了舞台"，我很紧张。在看那十件物品时我都不敢动手去摸它们，生怕别人把我的手抓伤了呢！在回到座位后，竟然还不能开始写，这样我会忘记刚才看到的所有东东的，呜呜！太不公平了！结果，我写出7个，错了一个，所以只对了6个。第一轮成绩为6个，我一定会努力，在第二轮有所提高，哪怕只是一个！

但我的希望成真了，我真的只提高了一个。第二轮的成绩7个，真希望还有第三、第四、第五轮呀！如果我每轮都按一次提高一个计算的话，那就一定能得到十分的！加油！回家练，下次一定拿满分！

这次课可真好玩呀！我本以为它只是一节普通的游戏课，可我没想到的是，它对我来说会是一节游戏课中的游戏之王呢！

爱读书的我

　　我喜欢读书，一刻不拿着书，好像浑身都不舒服似的，书可以让我忘记饥饿和疲劳。所以我希望自己每时每时刻都沉浸在书的世界里！

　　有一个暑假，我每天都要去上很多的课外兴趣班，安排得非常紧张，也占用了我很多读书的时间。于是，我想了一个办法，放了几本书在车上，可以利用路上的时间读，虽然妈妈说车上读书对眼睛不好，可是我怎么抗拒得了书本的召唤呢！

　　很多人说："书是人类进步的阶梯。"我觉得很对，因为读一本书就能帮助我们登上人生中的一级知识阶梯，那么当我们阅读了成千上万本书后，你的那条用知识修筑起来的梯子就会离世界巅峰越来越近，最后，当这个知识之梯与世界之巅相连时，你可能已经成为一个成功人士了。此时，你回头一看，或许会看到许多不爱读书之人正躺在床上昏昏欲睡，一无所获，他们永远也不能体会到你的快乐！

　　书还是一种药材，可以包治百病！书也是精神上的粮食，可以让你经常不食而饱！书更是我生命中的一部分，会让我感到永久的快乐！

　　如果你感觉无聊，你可以找到书来陪伴你。如果你遇到困惑，也可以找找书，说不定那里就有你想要的答案！

　　我爱读书，我家所有的书也爱我！它们永远都是陪伴我最好的朋友！

写给冯老师的信

亲爱的冯老师：

您好！

冯老师，请问您最近身体好些了吗？还咳嗽吗？还在感冒吗？如果有，希望您早些好起来！如果已经康复，那就太好了！

当我第一次来您这儿上课时，因为不熟悉环境，还觉得有些不习惯，可后来却觉得越来越有意思了。

冯老师，我十分喜欢您给我们上课。您带我们做游戏，教我们习作方法，让我们背诵，让我们做阅读，给我们讲绘本……每一样都让我觉得在玩乐中增长了知识。您培养我们的用心良苦，我们都能体会，在此，我深深地向您致谢！

我虽然来这个班上课的时间不长，但我的习作与阅读都有了很大的进步，也越来越喜欢语文这个学科了。这次期末考试，我的语文取得了97分的好成绩，这些都要归功于细心教导我们的冯老师您呀！

我很喜欢到这里来上课，但我更希望以后冯老师可以带我们做更多好玩的游戏，可以有更好玩的奖品，当然这两个都只是我的小私心。最重要的事是：我希望冯老师以后可以把成语（儿歌）、俗语、谚语、歇后语都变成两个，这样可以让我们的知识面更广哦！

另外，我还有个最大最大的私心，就是：冯老师一定要多运动运动哦，把身体锻炼得棒棒的，不要再生病了！我希望冯老师永远健康，充满活力！

最后，祝冯老师新年快乐！

毛弈羽

气球大战

今天的游戏是气球大战，值得期待！

冯老师先叫我们仔细观察她的动作，我的眼睛便开启了"高速拍"模式。她先弯下腰，然后拉开抽屉，从里面拿出了一袋五彩缤纷的气球，再举起来给我们看，当然我们也会全神贯注地盯着那袋气球。

"下面，让我们来看一看今天的游戏规则吧！"冯老师说道，"规则：1、参赛选手需在三分钟内吹爆气球，哪组被吹爆的气球数量多，则哪组获胜。2、若三分钟内无人吹爆气球，就看谁吹的气球最大，就算哪组胜利。3、参赛选手将用石头剪刀布的方式来进行选择。这就是游戏规则，大家应该听明白了吧？"

参赛的选手不多，我们第一组只有三人。冯老师说："请大家捏住气球，放到嘴里，三、二、一，开始吹。"大家争先恐后地吹着，这时，我发现陈姚睿已经把气球吹得像个冬瓜似的了，肯定马上就要爆炸了。而所有观众却正好相反，一个个把耳朵捂得紧紧的，当然也包括我。就在这时，"砰"的一声，陈姚睿的气球吹爆了，耳朵快要被震聋了，虽然我还捂着耳朵。

吹气球比赛结束的时候，冯老师说："我们现在先休息一下吧。没有拿到气球的同学上来拿气球。"我们都拿到了气球开始尽情地吹起来。当我也快要吹到冬瓜那么大时，一不小心，手一松，哎呀！气球飞跑了。碰巧的是，其他同学的气球也到处飞。空中到处都是被吹跑的气球。

虽然我不喜欢气球爆炸，但我还是很喜欢玩气球的。今天的"气球大战"虽然恐怖，但在这一声声充满喜欢的欢笑中，也不再觉得吹爆气球是多么恐怖的事情了。

心花怒放

"大家好，我们今天要来玩一个游戏，游戏的名字叫：'成语对对碰'！"

"这有什么好玩的嘛！"有同学嘀咕道。但这小小的嘀咕声还是逃不过冯老的"法耳"呀！她随即说了一句："好不好玩要玩了才知道哦！"那个同学羞红了脸，再没有说什么。冯老师用奇怪的声音说："那先来看看游戏规则吧！"冯老师的话音未落，屏幕上出现了几行字，也就是游戏规则：

冯老师把成语分成几部分，让我们自己用"零部件"凑出成语来，就这么简单。

我们先来了场热身赛，也就是成语接龙。接着，才是重点。

冯老师一声令下，大家的屁股一下离开了板凳，去寻找自己的伙伴，而我却坐着一动不动。我觉得自己那个"零部件"——"奴"下面要不就是"力"要不就是"心"，这才离开座位。我差不多看完了全班同学手上的纸片儿上写的啥，这才确定我的那个字下面一定是"心"，因为我看到了"花"和"放"，由此我确定那个成语一定是"心花怒放"。然后，我找到了李雨桐，我俩合成了"怒"。我悄悄对她说："我们的成语是'心花怒放'，我知道'花'被谁拿到了，我们去找她吧！"于是我们朝着李同学走去，凑齐了"心""怒""花"，就差"放"了，我们大声喊道："谁拿了'放'？"与此同时，我听见有人回答："谁要'放'？"我立刻回应："我们！"等"心花怒放"四个字都凑齐后，我们马上朝冯老师喊："我们找齐了！"

此刻，我的心情正和我们凑成的成语一模一样！

演哑剧

"冯老师感冒了，不能说话，我这节课不说话。"同学们看到屏幕上的两行字惊讶地念了出来，"所以，阅读课改为大型游戏课！"Yes，太好了！这还是我来这里后，第一次遇到这种情况呢！冯老师，祝您早日康复哦！

游戏规则："这个游戏很简单，只要不说话就可以了，所有的人都只能用手语，如果说话了，就自动退出。"看到游戏规则，我暗暗自喜，因为在家我就经常用手语和爸爸妈妈对话，这也太简单些了吧！哈哈，就来一起体会一下冯老师的感受喽！"勇敢的少年啊！快去创造奇迹吧！"

接着，冯老师在黑板上写出了一个"哑"字，再在后面打上了一个大括号，叫上去写的同学们都没写对。第一个写：哑巴，第二个写：沙哑，第三个写：聋哑，第四个写得更好笑，他直接在第三个词上加了一个"人"字。前四个都错了，它们也都"光荣"地被跟上了小小的问号。可冯老师终于找到了满意答案，原来就是屏幕上的"哑剧"两个字呀!之后，冯老师在黑板上随手画了一个演字，把演字指向哑剧。哦！原来是想让我们演哑剧啊！哈，我知道了，大型游戏就是演哑剧！

冯老师请了举手举得最高的两个男生，给他们看了纸条，于是两个男生就开始了形象逼真的搞笑表演，让大家一下就看懂了这个词是"洗澡"。后来，又上来了一大群男生，他们在上面乱动手又乱动脚，打成了一团，结果下面一个人都没猜出来。两题的答案都呈现在了黑板上，第一个：洗澡；第二个：看球赛，球进了。天哪，这答案跟我们想的完全是相差十万八千里嘛！同学们，你们的演技可真该好好练练了！如果让专业导演来给你们评价一下的话，你们

可半分儿也得不了!

　　课间休息过后,哑剧表演又开始了,这次我也是演员,要演的是:"一个人和六个人拔河,经过几个回合的大战,最后竟然胜利了!"这……这!冯老师,你也太"油菜花"了吧!我个人觉得我们演得很好,大家都知道这肯定与拔河脱不了干系,于是便纷纷举起手……结果张宇月胜利了的表现是:像热锅上的青豆——蹦得欢,还比划了胜利的手势呢!

　　好玩的大型游戏,下次再见。

一心不能二用

"画方圆！"大家照着电视屏幕上的三个大红字朗读。冯老师说现在我们就要来玩画方圆的游戏，先说规则：

先请两三名同学到黑板上来画出一方一圆，再让一名同学用左右手同时画出方圆，然后让班上所有同学都来体验双手画方圆，最后，我们就一起来做有趣的"记录"吧！

听了规则，大家应该都明白这个"画方圆"游戏怎么玩了吧！如果知道了，那就让我们一起来实践实践喽！先做第一步——"看"。

冯老师请了钟瀚宇来当"实验品"，钟瀚宇走上讲台，麻利却又带有一丝犹豫，慢慢地拿起粉笔，转过去，对向黑板，画出了两个"八不像"，钟瀚宇看到自己画的"八不像"，立刻笑得趴在了地上。冯老叫一位女同学来评论评论，结果钟瀚宇被说得满面羞涩，但他死不承认……

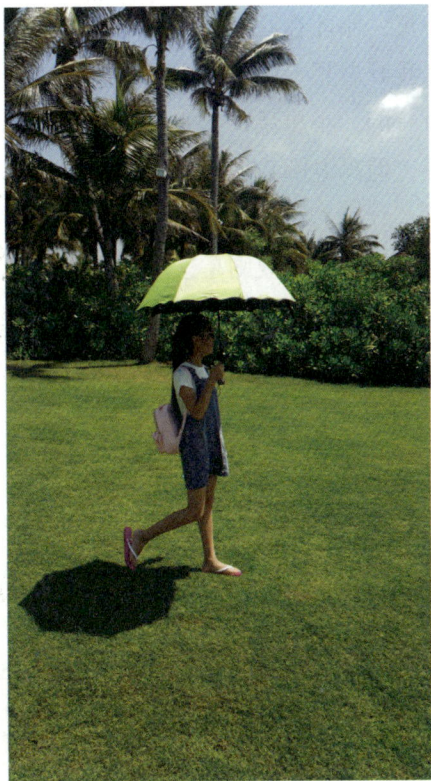

好了，刚刚说完了钟瀚宇同学，该说说全班同学，包括我自己的表现。我是最后一批画的，在我上去的时候黑板已经成了一团糟，好像是在刻意为难我们似的，一点空也不想留给我们画。"海绵里的水是挤出来的，黑板上的空也是挤出来的！"我好不容易终于画完了，画了一块手帕和一片树叶，我想，画方圆真难呀！

现在，我终于明白了，一心不能二用。

斗 牛

大家都知道斗牛这项运动吧？让我们来看看身边不一样的"斗牛"！

冯老师向全班郑重宣布道："今天我们要来斗牛！"我听到这话，头上的汗水"唰"地一下流了下来，好像刚洗了头似的。我的心儿"砰砰"直跳，好像总忘不了几个字：今天真的要去斗牛吗？我好像马上转到了西班牙的斗牛场，在那大大的斗牛场上，两旁的百万观众都直钩钩盯着我，天啊！我竟然是斗牛士，我手上拿着红色的布块，牛正要朝我冲来，现场的一位观众喊："现在我们来选斗牛士！"原来这是冯老师在说话，我的心这才又回到了课堂。

按照惯例，冯老师应该先出示游戏规则才对，可是……冯老师竟然没说规则就先选斗牛士，我便好奇地问小黄："小黄，刚才在我拿本子的时候是不是公布了游戏规则，是什么？快告诉我嘛！"我眨着星星眼看着小黄，但她却扫我的兴，说："还没呢！"我立刻收回了所有的"小星星"，非常失望。冯老师说："谁想来当斗牛士？"大家纷纷举手，但冯老师只选了一个女生和两个男生，其他人都扫兴而归了。

紧接着，冯老师说："我们先来看看游戏规则吧！规则是这样的：全班分为三个小组，每组都先上演一次'窝内斗'。在每头'牛犊'背上贴一个大字，对方要'不择手段'地去看另一头'牛犊'背后的字，并且大声读出，谁先看见另一头'牛犊'背后的字，谁就可以拿到'获胜奖杯'"。

斗牛比赛开始了，"白牛""蓝牛"依次上到了台上，他俩都神态自若，嬉皮笑脸。"冯司令"宣布比赛正式开始。在两头牛背上贴了纸条。

"冯司令"一声令下双"牛"开启了防守模式，快步冲上了场，两只"牛蹄"紧贴在一起，好像分不开似的，一直僵持了20秒钟。就在一刹那间，"蓝牛"开启了"智慧模式"，一把从"白牛"背上抢下纸条，另一只"蹄子"仍保持着优美的"姿态"。"白牛"惊讶极了，便问冯司令："哼哼，可以把纸条抢下来吗？"正当"蓝牛"尖着双耳仔细聆听时，"白牛"用此声东击西之计，抢到了"蓝牛"背上的小纸条，"蓝牛"双眼一瞪，自觉不妙，便朝"白牛"大吼一声，追了过去。谁想，"白牛"跑得更快，"蓝牛"穷追不舍，他俩围着场地跑了三圈，结果"蓝牛"干脆趴在了"白牛"的背上，但也"无力回天"。最终"白牛"获得了胜利！

我期待着下节课"斗牛"更精彩！

给爸妈的一封信

亲爱的爸爸妈妈：

你们好！

妈妈，谢谢您多年以来
对我的细心照顾和苦心教
育，您虽然有时候也会批评
我，但您从来没有打过我，
这个世界上应该没有几个母
亲可以做到。我有时也很调
皮，常常让您觉得辛苦，但
您说的一字一句，我都未曾
忘记！

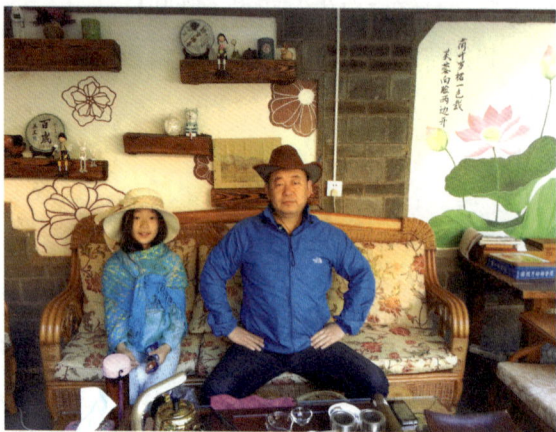

当我生病时，妈妈甚至会用五夜不得入睡的代价来换取我的健康，这足以
证明，您很爱我！

妈妈，您平时很忙，这我能理解，虽然我很不想您值班，但是，九年以
来，我都一直默默忍受，如果实在想您，就会打电话与轻轻抽泣。在这封信
里，我想再次问您："您可以换一个不值班的单位吗？"真希望您的回答是：
"可以！"

兜儿爱妈妈！

爸爸，您虽然没有像妈妈那样无微不至地照顾我，但我依然要感谢我家高
大的"顶梁柱"，因为您辛勤努力的付出，为我和妈妈撑起了一片温暖安全的
天空。您每天给我讲的睡前故事不管是其中的哪一个，都是那样好听，希望您
可以继续给我讲一些更好的、更有知识性的故事。

兜儿爱爸爸！

永远爱你们的兜儿

94

父母教会我孝、礼、爱、强

——观《开学第一课》有感

——2014年9月2日

　　《开学第一课》是每年都会有的重要节目。今年，它让我明白了什么是孝、礼、爱、强！

　　孝是孝顺，俗话说得好："百善孝为先。"我眼中的孝就是在父母疲惫时送上一杯暖暖的茶，说大一点，则是完成父母对自己的期望，就是对父母最好的宽慰！

　　小时候，父母对我悉心照料，告诉我做人的道理，让我学会走上平坦的道路。那些年，父母为了我在外奔波，不辞辛劳，用自己的忙碌来换取我的幸福！爸爸妈妈为了我，工作得并不容易，工资也不高。我觉得，我应该好好学习，在未来报答父母，感恩父母，让孝、礼、爱、强进入我心灵的每一个角落，让它们带领我走上成功之路吧！

妈妈教会了我善良的美

我的妈妈是一个善解人意的人。我们家的好家风可不止一个，最重要的还是善良。而我内心的善良，一部分是天生的，而另一部分就是我的妈妈教给我的！

在我内心的深处，有一粒种子，正在萌芽，慢慢长大。我特别喜欢小动物，曾经，我养过一只小仓鼠，它的影子，在我心中永远抹不去！

4岁时，我路过一家宠物店，因为好奇心，我走了进去。我第一眼就看见了那只毛色雪亮的小仓鼠，它是那么活泼，那么可爱！我的妈妈好像看透了我的心思，就问了老板小仓鼠的价格。然后，妈妈对我说："兜儿，把你喜欢的那只小仓鼠抱出来吧，带回家好好照顾它！"

我开心极了，答应妈妈一定会照顾好小仓鼠。可是，一年后，小仓鼠不幸死掉了，为了这件事，我整整伤心了三天。我为小仓鼠哀悼，也深深明白了生命的脆弱，需要我们用更多的爱心和善良去对待生命。

善良，是一种良好的品德。它发自内心，出于自我，总会给人们带来很多的感动。所以，我希望善良的人可以永远地善良下去！

妈妈教会了我坚强

我从小就有一个梦想，想成为一只美丽的白天鹅。妈妈曾对我说："宝贝，妈妈为你感到高兴，你很幸运能找到自己的梦想，那将是你人生的方向。既然你已经树立了目标，就要付出辛勤的努力，才能实现美丽的梦想。记住，妈妈永远支持你！"

我兴高采烈地踏上了追寻梦想的舞蹈之路，可是，越来越复杂困难的技术动作，越来越密集的训练强度，都让我心生畏惧。有一天训练时，我总在一个动作上反复失败，终于控制不住自己失望委屈的泪水，我抬头望向天空，试图想收回眼泪。可是，它已经悄悄地落下，我绝望地蹲在地上伤心地哭了起来。妈妈走过来，蹲在我身旁拥抱着我，轻轻地问我："孩子，怎么了？""妈妈我不能成为一只美丽的白天鹅了，我做不到！"我呜咽着回答妈妈。妈妈却笑盈盈地看着我说道："宝贝，这个过程会很痛，也很苦，有时还会感到灰心。面对高强度的训练，你甚至会觉得疲惫不堪。但这些都是通往梦想的必经之路啊，宝贝，不要怕，重新站起来，勇敢地面对困难，成功地突破自己。妈妈相信有一天，你将破蛹而出，成长得比人们期待的更美丽！"妈妈的话激励了我，让我勇敢地站了起来，继续投入到了训练当中。

妈妈教会了我坚强，虽然一次次跌倒，但我总是会勇敢地站起来。终于，经过无数次的失败、无数次的挫折和无数次的勇敢，我成为了一只美丽的白天鹅！

孩子学会了什么
——毛弈羽妈妈

孩子是上帝赐予我们最美好的礼物，从怀胎十月到呱呱坠地，从呀呀学语到长大成人，我们心上和身上的重担从没有松懈过。这或许就是为人父母的责任吧！怎么才能让这个因为爱而降临世间的精灵拥有一个平安喜乐的美好未来？我们应该教给她什么？我们希望她成为什么样的人？这样的问题从来就没有标准答案，因为属于这个世界的美德实在太多。虽然，我们期望她能全部拥有，但这不现实。所以，如果一定要让我们选择，而且只能有三个的话，我们会选：善良、宽容和感恩。

父母应该是教育的第一责任人，也是所有教育的根。教孩子什么都可以，但必须把如何做人放在首位。教会她做人的标准及做人的准则，比什么都重要。养孩子其实就是养"心"，正本清源，孩子具备了良好的品质和人格，为人父母的职责也就算履行了。

于是，我们希望她首先学会善良。因为善良是一盏明灯，她既能温暖自己，也能温暖全世界。我们相信，一直善良下去，总会离幸福很近。前文中兜儿提到的小仓鼠是她人生中的第一只宠物，兜儿为此伤心了好久，我们也让她尽情地释放自己的悲伤，静静地陪在她身边，看着她放声大哭来宣泄这种情绪。等她平静下来，慢慢告诉她，对于所有生命我们都要善待。而善待除了爱，还要有能力照顾它，有能力饲养它，光有一颗爱心，没有现实的能力，也是远远不够的。所以当你决定了要带这个小宠物回家时，首先要考虑清楚的是你是否已经有足够的能力来照顾它，保护它，做到真正的善待它。这件事，给兜儿留下了很深的印象，她也由此明白了要努力使自己完善强大才能保证成就真正的爱和善。意识到生命是脆弱的，才能真正学会善良。因为脆弱，我们彼此怀着善意。

其次要学会宽容。正如白岩松所说，如果平和与安静很昂贵，那就拥有宽容，既能松弛别人，也能抚慰自己。宽容让你把爱放在首位，避免随意动用恨的武器；宽容使你随和，宽容能让你在每个清晨怀着希望醒来。一旦你拥有宽容的美德，就将一生收获笑容。

最后，你还必须学会感恩。心存感恩，知道谢父母，却不盲从；知道谢天地，却不自恋；知道谢朋友，却不依赖；知道谢每一粒种子、每一缕清风，也知道要早起播种和御风而行。感恩让你学会珍惜。在她努力成为白天鹅的路上，需要感恩的人太多太多，正是这许许多多的人们给予她的帮助，才能让她最后破蛹而出，成长得更美丽。

与其说我们教会了孩子什么，倒不如说是孩子成就了我们。和她一起成长，一起学习，一起发现这个世界的种种美好，也一起接纳这个世界的种种不完美。平和、安静，或许从中她能学到更多的东西。

妈妈的记录：

开学第一课，甘老师要求孩子们观看后写出感悟，并结合"做美德少年，传承好家风"活动，孩子写写父母教会了我什么，家长写写我教会了孩子什么。通过这么一次文字的交流，亲子关系有了更进一步的良好互动，我们更了解彼此。

假如我有一匹马

——2014年9月12日

假如我有一匹马，我会骑着它在草原上驰骋。看青山掩映着阳光，看羊儿悠然自得地吃着青草，看白云在天空中一朵朵慢慢地飘过。听着有节奏的马蹄声，轻轻越过青山，掠过羊儿，穿过白云，在蓝天与绿草之间飞驰。不知不觉，悄悄来到蒙古包前，向远处望，小小的湖泊在阳光下穿上了彩衣，比宝石还耀眼，比牡丹还美丽。蒙古包里，人们在酒杯与肉盘的倒影中绽开了欢乐的笑脸。有了这匹一日奔千里的马儿，草原的画卷在我面前缓缓展开！

假如我有一匹马，我会骑着它在古战场上建功立业。我冲在队伍的最前面，与马儿一起和敌人拼搏抗争，面对战争我们临危不惧。这马儿的速度赛过飞廉，快过闪电，好像任何兵器都不能阻挡它为国报效的雄心。如此淋漓尽致的马儿，真是我们并肩战斗的好伙伴啊。腥风血雨中，马儿勇敢地向前奔驰，为自己的国家闯出一片胜利的天！

假如我有一匹马，我会骑着它在茶马古道上追寻历史的足迹。走在林间小道上，高大的松柏，为我们遮住暴烈的阳光，小野花顺着清风点头微笑，乐呵呵地看着我们。树上垂着可爱的松球，轻轻摇曳，令人沉醉；松针可不一样，它不像松球那样轻松，而是坚韧不拔地守卫着这条历史悠久的古道，像一个个训练有素的士兵，笔直地站在树干上。眼前这迷人景象，仿佛让我看见了驮着琳琅满目货物的马帮徐徐走来。继续向山顶走去，俯视山下一切，泸沽湖、一排排瓦房，一览无余。忽觉心高气傲，让马儿急速奔驰，绝不停歇，只因想要游览泸沽湖的秀丽风光！

假如我有一匹马，我会让它带我走遍世界，走入每个人的心灵，让我的生活变得丰富，而又多彩！

阆中古城

——2014年10月7日

阆中是中国四大古城之一，与丽江、平遥、歙县齐名。我去过丽江古城，那里非常繁华，小店一间挨着一间，处处灯火通明，人流熙攘。阆中古城又会是什么样呢？真是让人期待呀！

国庆长假，我来到了三面环水，一面靠山的阆中古城。走在古城的小街上，清风阵阵，扑面而来，让人心平气静。登上中天楼，眺望古城全貌；走进汉桓侯祠，了解张飞不同寻常的一生；来到贡院，体验科举考试，参拜祖师爷孔子，都很有趣。

但令我印象最深刻的还是阆中古城江边的夜景，远处的山脉在灯光的辉映下，镶上了一层耀眼的金边；山上的小亭一座座，似一颗颗星，点缀着翠绿的青山。稍近处，一条条渔船闪烁着灯光在江中游弋，为夜晚的黑暗，添上一丝光亮；荡漾的江水只倒映出一缕缕月光与绿树苍苍。低下头看，水中荷灯随波漂荡，星星点点弄假成真。天上的孔明灯带着人们的祈告飞向天际，让天空显得平静安详。

阆中，真可谓是一座文化与历史沉淀交织的千年古城啊！

"小猪"，快跑呀

——2014年11月18日

一年一度的运动会开始了，运动员们怀着激动的心情参加了今天的比赛，获得许多不错的成绩，而运动会中的趣味接力赛，赶"小猪"是我最感兴趣的！

"砰"，随着谢老师发令枪的响起，"赶小猪"比赛激烈地拉开了序幕，加油声欢呼声响彻整个校园。"小猪"被同学们赶来赶去，好不快活！到我了，我用脚踩住了同学传来的球，连忙接过球拍，挥动球拍使劲把球往前赶，"小猪"球乖乖往前跑，只一会儿工夫，便把球赶到了终点，传给下一个同学，还好没出界，没失误，我总算松了一口气。

球拍很快传到了萱萱手上，只见她接过球拍毫不懈怠，挥动球拍向"小猪"赶去，"小猪"听话地往前跑。"萱萱加油！萱萱加油！"我在对面兴奋地叫着。可就在此时，意外发生了。不知怎么地，萱萱脚下的"小猪"调皮起来，像着了魔似的跑出了赛道，它想干什么？去找朋友玩吗？那调皮的"小猪"太不安分了，一股劲儿朝着红色跑道、停车场跑去！萱萱急了，手忙脚乱地把球捡回来，有些沮丧地把球传给了下一个同学。唉，怎么会这样呢？萱萱低头不语，眼中含着泪水，她一定难过极了！

萱萱向我走过来，一把抱住我抽泣起来，她太伤心了。我不知道该怎么办，只能轻轻地拍着她的背，百般安慰，她才收住哭声。我们都没怪她，她为

什么会如此伤心呢？听曹可青说了后才知道，原来是蒋昀函一时着急责备了萱萱，说她影响了班级成绩。知道了事情的经过，我又回到萱萱身边，轻声细语安慰道："好了，萱萱不哭了！小蒋责怪你那是他不对，他只是情急之下口不择言而已，应该不是故意的，你就原谅他吧，不要这么伤心了……"同学们也纷纷跑来安慰萱萱，她才渐渐好起来。

趣味接力赛我们获得了第三名，但其实名次并不重要，失误也不可怕，只要我们积极参与了，有了承担责任的肩膀，胜利总会属于我们！

我喜欢

——2014年10月11日

我喜欢读书。特别是在中午，一缕暖阳在书本上闪烁、跳动。一行行文字映入我眼帘，一点点知识铭刻在我心中，书中的人物、事件，在我心中形成了一幅幅色彩鲜明、构图典雅的油画。一本书，便是一级知识的阶梯，它引领我们登上世界交流的平台。

我喜欢写作。关于爱、关于信仰、关于快乐、关于悲伤，都从我的笔尖流淌在纸上。每一个文字，每一个符号，都是自己心灵的对白，都是思想和思想的碰撞，擦出了最美的火花，如一缕暖烛，照亮我漫漫成长之路。

我喜欢旅行。从一个城市到另一个城市，用脚丈量世界，用眼观察世界，用心感悟世界。我喜欢冬天雪中的房屋，一片片雪花晶莹如玉，飘零在房屋的顶端，一层层白雪为房屋穿上了最美的白雪大衣。从远处看去，柔和阳光下的白色房屋，像一座冰宫美丽而又无瑕！我喜欢春天小溪边朵朵的蔷薇。风儿轻抚万物，蔷薇花像一串串粉红色的风铃，虽然没有清脆动人的声音，但总会绽放自己最美的笑颜。小溪见了，不禁哗啦啦地为美丽的蔷薇舞者伴奏！我喜欢夏日的小雨。倚在窗边，轻轻闭上眼，享受小雨和树叶奏出的交响曲。在炎热的夏日，它为人们披上一层清纱，带来一丝绵绵幽凉，让炽热有所收敛，让清凉伴随身边。我喜欢秋天累累的硕果。果中散发出诱人的香气，多色的外皮，为它们添上一点暖意。果园、山坡、水边，处处都能见到它可爱的身影！我还喜欢花，所有的花。我喜欢富贵的牧丹，芬芳的月季，可爱的三角梅，以及朴素的铃兰。我也喜欢路边不知名的小野花，一丝丝的，一球团的，半月形的，我认为它们也该同样受人喜爱。我喜欢躺在夜晚的草坪上看星星，绿草似鹅毛般柔软，似翡翠般碧绿。天上的星星仿佛在对我眨眼睛，告诉我世界到底有多么美妙，多么和谐！

我喜欢梦，喜欢梦中无边的幻境。我梦见自己成为歌唱家，用布谷黄莺般的歌喉为大家带来律动中的身心愉悦，节奏里的视听盛宴。我还梦见自己成为一名舞者，像一群群蝴蝶在鲜花盛开的山间飞舞，像一只只春燕在碧蓝如洗的天空飞翔，享受着世界安宁的美，成为一个优雅的精灵。我甚至梦见自己变成了神笔马良，绘出世界一片和平之景，绘出家家其乐融融！

我喜欢朋友，我们一起奔跑、一起玩乐、一起冒险、一起创造……他们带给我无比的快乐，让我明白了友谊的可贵！

我喜欢做有意义的事情。寒假里为社区的老人们送去温暖；穿梭在人民公园内卖报，为希望工程募捐；春天里在柏条河畔种下一棵树苗；温江绿道上向行人宣传环保理念；科技园门前，向雷锋叔叔学习，现场义卖为社区困难家庭筹款。这许许多多的小事，都是我喜欢做的有意义的事，因为帮助别人，会收获很多快乐！

我喜欢成长，一回首五年的光阴匆匆而逝，犹记得初入校门时那一张张稚嫩的脸，如今的我们，已然是一群意气风发的少年。有欢笑、有泪水、有成功、有失败，我们成长得如此骄傲。感谢您，我的老师！感谢你，我的伙伴！因为成长的路上有了你们的陪伴，让我的校园生活变得丰富多彩，乐趣无限。

……

我喜欢生活，我热爱生活，并且深深地感谢生活给我带来了这么多的喜欢！

旋转中的芭蕾

——2014年10月30日

芭蕾是一种西方舞蹈，也是舞蹈中最难的舞种。它的根基主要是依靠脚尖和肢体律动来表达舞蹈的语言，被称为脚尖上的旋转。虽然我已经跳到十级了，但现在却一直为转圈的问题发愁。

又到了一周的最后一天，我迈着轻盈的脚步，走进舞蹈学校的大门，远远地看见邓老师已经坐在那儿等我了。今天，我是上一个人的小课，匆忙换好脚尖鞋，用芭蕾的步伐跳着跑进了教室。

像平时一样，邓老师先帮我压脚背。她说："小毛，回家肯定是练了的吧？脚背好多了！"我点点头，微微地笑了一下。邓老师告诉了我今天的安排：学会"Tour chaines"和"endedans"转。天啊！这可是我最弱的一项啊！我到底能不能攻下这道难关呢？如果不行，那我可怎么办？正在我胡思乱想之际，一句话从我口中脱口而出："好，我一定会努力的！"

我做好了准备动作，邓老师数起了前奏拍："1、2、3、4、5、6、7、8蹲！"然后，我开始了惨不忍睹的旋转，我转到最后一个时，差一点就摔倒了。于是，我只能先练"Passe"！练好了，我又开始旋转，果然是好了

那么一点点。这时，邓老师像救星一样告诉了我一个要领，每旋转一次"endedans"后，必须得蹲住，不然，绝对不可能连接得上下一个旋转。邓老师陪我做了一个示范，我居然和刚才转的完全不一样呢！我满心欢喜，自以为已经学好了。可邓老师说，要想做好旋转并连转，还需要手的带力。我听到后试了试，呀！我一下子竟可以脚离地吸"Passe"连转两圈了呢！窗外那绵绵细雨，仿佛在顷刻之间变成了缕缕阳光。"我学会转了。耶！"我兴奋极了，邓老师也欣慰地点点头，表示认可。

　　时间过得太快了，我根本没有注意到已经是下课的时间了，还一本正经地问："下面学什么呀？"妈妈和邓老师都呵呵地笑了起来。我见她们笑了，便向墙上钟的方向瞟瞟，顿时，笑容也在我的脸颊上悄悄绽开！

观西湖潋滟和空濛

——2014年11月2日

苏轼大病初愈，心情甚好，躺在床上闭目养神。突然，苏轼起身走出房门，不顾侍女们百般阻拦，一意孤行，出门去拜访他的一位友人。见到朋友，苏轼才松了口气，说道："我还没有迟到吧？"友人微笑着点点头。原来，前几日，两人早已约定好在今日去西湖泛舟。

两人一同来到西湖，慢悠悠地划着一艘小艇，举杯共饮，谈心作赋。苏轼放眼望去，湖面波光粼粼，远处青山环绕。成群的鸟儿在湖上嬉戏，一会儿高飞在天，一会儿掠过水面，为西湖带来一片欢声笑语。从山后升起的那轮美丽的圆日，像个红红的苹果，慢慢地泛起害羞的红晕。锦鲤摆着那华丽的舞裙，在水中开起盛大狂欢的舞会。湖水清澈见底，面如平镜，倒映着蓝天，倒映着白云，倒映着远处威武的雷峰塔。荷叶碧油油的一片片躺在西湖岸边，一张张绿色的荷叶伞，好像是西湖的保镖，尽职尽责地守卫着西湖。含苞欲放的荷花粉嫩粉嫩的，点缀在荷叶中，像个可爱的小娃娃，悠闲享受。盛开的荷花艳丽多姿，中间一小簇花蕊，黄得像一粒粒水果。一片片花瓣轻轻的，薄薄的，晶莹如玉，好像是极嫩的，吹弹可破。

两人登上湖心亭，却不想已是乌云密布，还飘起了绵绵细雨。西湖上空顿时云雾缭绕，烟雨朦胧，如仙境一般美妙。西湖中的荷花与荷叶相配，在雨中显出圣洁。薄雾中的小船模模糊糊，在水中缓缓游荡着，似有似无。湖心亭的顶上积满了雨水，那些雨水好似一颗颗珠珞，从亭上一串串地滑落，好似雨姑娘穿的手环，准备送给过路的旅人。

苏轼看到这样的景致，不禁想起在溪边浣纱，而使鱼沉的美女西施，便写下这千古传颂的诗句：

《饮湖上初晴后雨》

水光潋滟晴方好，

山色空濛雨亦奇。

欲把西湖比西子，

淡妆浓抹总相宜。

而苏轼的这首诗则让我感受到西湖无与伦比的清澈与美！

妈妈的记录：

　　学习了苏轼的古诗《饮湖上初晴后雨》，甘老师要求孩子们根据诗人的写作背景，以及诗中传达出的意境，写出一篇此诗的白话版散文，让我们能通过文字领略西湖之美。

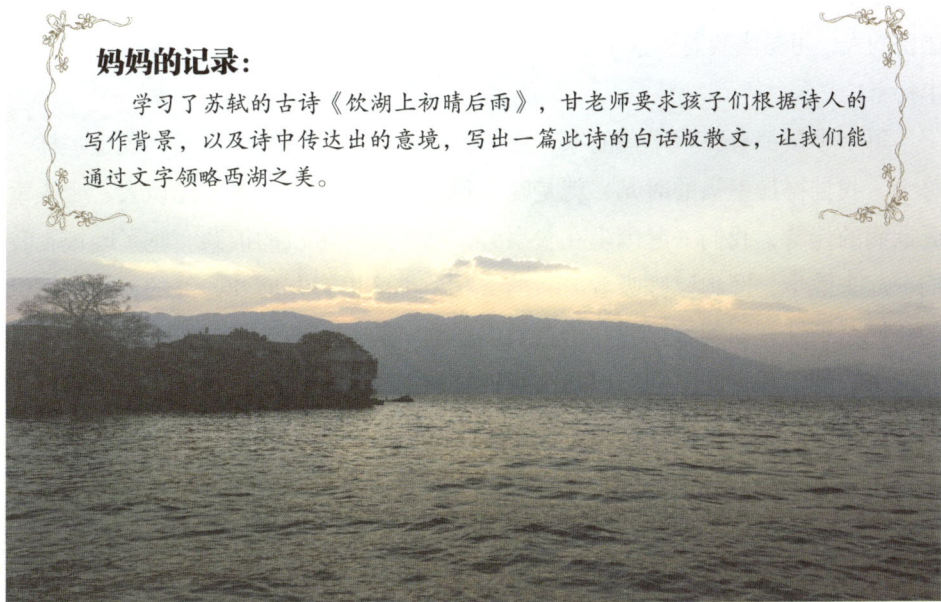

我的小秘密

——2014年10月9日

秘密？是不是世界上每个人都有自己的秘密呢？我觉得自己是一个没有什么秘密的人，可是当我看到这个题目的时候，却突然想起来，呀！原来我也有一个小秘密！

每个小孩都有一个幸福的家，在爸爸妈妈的陪伴下快乐成长，我也一样。每天，我觉得最幸福的时光，就是晚上爸爸妈妈烹饪了许多色泽诱人、令人垂涎欲滴的佳肴，我们一起围坐在餐桌旁，吃着美味可口的饭菜。吃了晚饭，我们一起去散步，遛狗，呼吸着清新的空气，小区里鲜花盛开，红的、紫的、绿的，姹紫嫣红。回到家，我和爸爸妈妈还会一起安静地坐在沙发上读着自己喜欢的书。到了睡觉的时间，妈妈为我铺好软绵绵的床，爸爸在床边为我讲好听的睡前故事。我每天都这样枕着爸爸妈妈的爱甜甜地入梦。

但是，这样的幸福并不是每天都有的，我的爸爸妈妈是警察，他们都必须要值班。当爸爸妈妈值班的时候，我就会伤心难过，尤其是在妈妈值班的夜晚更是无法控制自己的悲伤。小的时候，我一听到妈妈要值班，便会觉得一整天都很揪心。到了晚上，听着窗外风吹动着树叶唱出的催眠曲，我就会想起妈妈的歌声。于是，我躲进被窝里伤心地哭泣，任凭爸爸怎样哄我，我都不理睬。好不容易，我终于睡着了，但没过一会儿，我又再一次醒来，悄悄地拿起电话，忍不住拨了妈妈的号码，等待妈妈的回应。每次妈妈都会从睡梦中惊醒，在电话那端温柔地安慰着我，使我渐渐睡去，可我知道，妈妈再也无法安心入睡了。后来，我渐渐长大了，似乎明白了爸爸妈妈的职责所在，也学会了控制自己。在妈妈值班的时候，我仍然会思念妈妈，但我会忍住眼泪，不让爸爸发现；我还是会在半夜醒来，但我学会自己数小羊、数星星，有时也会和蒙奇奇聊天，抑制住想给妈妈打电话的念头，不让妈妈担心。爸爸妈妈都夸奖我，长大了，懂事了，学会了独立和坚强。只有我自己心里知道，这是一个秘密，这是一个属于我的小秘密。

这个秘密是一种"才下眉头，却上心头"的痛，但它让我学会了珍惜和家人在一起的每分每秒的快乐时光！

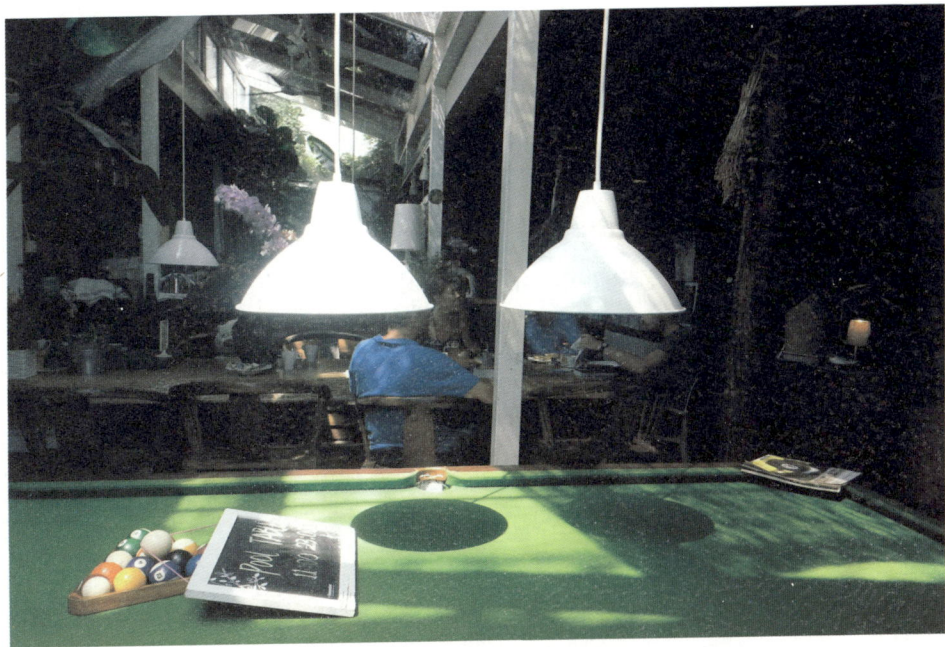

影子游戏

——2014年11月21日

　　星期二下午，第一节原本是音乐课，却因为晁老师有事儿，而换成了语文课。当甘老师走进教室，告诉我们这个消息时，我隐隐地听见有同学在唉声叹气，再转过头去看时，只见同学们一个个都像泄了气的皮球，没有精神。甘老师接着说："今天呢，是一个很难得的好天气，这样，"甘老师有点调皮地说，"这们这节课下去享受一下，我刚才想到了一个好玩的游戏，我们一起下去玩，这个游戏嘛就叫……踩影子游戏。"只听教室里一片欢呼雀跃的声音："哦耶！"同学们脸上的笑容真像是一朵朵美丽而灿烂的花儿！

　　到了操场，明媚的阳光撒在我们的鞋上、笑脸上、衣服上、头发上。操场边的大树贪婪地吮吸着阳光，一片片绿油油的叶子像一把把小扇子，还闪着光泽，可爱极了！平时灰色的天空仿佛已被纺纱人浣净，碧蓝如洗。从天边飘来的那朵洁白无瑕的云彩，好似一团刚成熟的棉花，等待着自己的归宿。再看看，那朵云又好似挂在小孩嘴边的棉花糖，是那么甜蜜，那么美妙！

　　正当我神游之际，游戏开始了！

　　第一局是女生踩男生。"开始！"甘老师一声令下，男生们便满操场疯跑开了。我也不知该踩谁，痴痴地站在那儿，突然，我看见了正在散步的袁烨，于是三步并作两步跑了过去。我跟在他后面追呀追，急切地喊着："站住，你有本事别跑！"袁烨听后，不但不收敛，还挑战似的嚷："踩不到踩不到，就是踩不到！"好家伙，他这一句话可把我激怒了，我叫着："你看我踩不踩得到！"说完，我便火力全开，好像装了发动机似的，冲到他后面，接着就是一个华丽的270度大转身。"咚咚咚咚咚"，我对着那又黑又长的影子就是一阵猛踩，他彻底输了。见袁烨输了，我自豪地仰天长啸一声："你们一个也别想逃！"说罢，我似乎成了"飞人"博尔特，我右蹿左踩，像一只在走S线的小猴，我追上了柯靖峰等男生，哈哈，最终还是都败在了我的脚下！得意的我正准备悠闲地踩廖航最后一脚时，"一分钟到了！"甘老师举起手机喊道。就这样，因为那0.001秒，不然，廖航也一样成为我的囊中之物了。

第二局，甘老师准备请两个男生两个女生上来做对踩游戏。男生比赛完后就轮到女生了，这时，曹可青等一帮女生喊道："毛弈羽！毛弈羽！"我和我的小伙伴们，哦不对，没有小伙伴，就是我惊呆了！我站了起来，甘老师说："小毛，你选一个人跟你比吧！"我又听见后面一大堆男生在喊："代芸萱！代芸萱！"我心想，你们还真是万众一心哦！我瞧萱萱一个劲儿地朝我摇头，还指着曹可青。算了，我就大发慈悲放过她俩吧！于是，我把目光转向了开始没举手，现在沉默不语的肖佳妮。我淡淡地说："那就肖佳妮吧！"我俩进行了一场激烈的比赛，逗得大家开怀大笑。

灿烂的阳光，欢乐的笑脸，我们的心依旧沉浸在游戏中。回到教室，我还在想，影子，这个天天陪着我们的小精灵，是怎么形成的呢？查了资料才发现，原来影子的形成和光的直线传播是有很大关系的。光从光源传播出来，照射在不透光的物体上面，不透光的物体把沿直线传播的光挡住了，在不透光的物体后面受不到光照射的地方，就形成了影子。真是美妙的一天，我似乎感到生活的画册就这样在我身边慢慢成型！

假如记忆可以移植

——2014年12月1日

假如记忆可以移植，我要把自己心中的紧张与恐惧永远地拭去。让自己敞开心扉，去面对，去接受；让自己不再胆小，人生的路就在眼前，勇敢地跨出这一步，你将看见一片繁花似锦的心田，那么灿烂，那么明媚！

假如记忆可以移植，我要把世界战火纷飞的记忆关进牢笼。世界总是美好、和谐的景象，有欢声笑语，有莺歌燕舞。人们脸上怒放的笑容，透露出人们心中的快乐。地球上绿影丛丛，没有一点儿烟雾，更没有枪林弹雨的痕迹，仿佛一切都那样无忧无虑！

假如记忆可以移植，我要把父母劳累奔波的记忆抹去，把曾经希望拥有教师职业的梦想移入他们的脑海。此时，他们不是在外守护安定的警察，而是坐在沙发上喝着红茶，伴着灯光，听着柔和的背景音乐，读读书、看看报。让红茶的清香拂去他们的疲倦，让阅读的书香带给他们心灵的慰藉。

假如记忆可以移植，我要把本是清澈无比却被污染的小溪的记忆轻轻画上彩虹。让它重新清澈明亮，与青葱翠绿的大树做伴，为灰色的山峦重新添上生机，成为一幅清泉石上流、蝴蝶叶上戏的美丽画卷。更有波光粼粼却又烟雾朦胧的瀑布边，挂起一道绚丽的彩虹！

假如记忆可以移植，我要把小鸟悲伤的记忆淡淡地勾去。让猎人的枪口永远对向土地，小鸟们再也不会惧怕那"砰砰"的枪声，快乐而安定。让一棵棵倒下的大树，重新站立，那里又充满着鸟儿的欢鸣。

假如记忆可以移植，我要把成都污浊的记忆重新描绘。描绘上美好的春光，一树树粉红粉白的芙蓉绚丽绽放，这种美，毫无保留。一朵一朵，花瓣们好像一群舞者，围绕着黄色糖果般的花蕊，如一支精心编排的舞蹈，美丽却又娇羞。两棵银杏并肩站着，好似两个情人，或似一对夫妻。绿色的叶，摇曳在风中，微笑的边缘却又掠过一丝优雅的伤。它们梦想像人们一样，一个穿着整齐的西装，一个披着洁白的纱裙，享受着幸福时光。而这些美好的景色却不能仅仅用画笔勾描，只有靠我们大家，我们每一个人的努力，慢慢抹去成都的忧伤，重现明媚！

假如记忆可以移植……

微 笑

——2014年12月3日

一个微笑，容易送出，
但收获却是颇丰的；
送出的人欢乐，
收到的人欣慰。

一个微笑，或长或短，
但意义不变；
错过一次微笑，
意味着失掉一份友谊。

没有人闲，
闲到不在乎它；
也没有人忙，
忙到给不出一个微笑。

有了它，伙伴之间更近，
有了它，世界充满和谐；
它使悲伤不再是悲伤，
代替它的，是淡淡的微笑。

它使难过者烦恼顿消，
它使困惑者眉宇间一丝忧愁，
化为烟云。

对旅行者它犹如一溪清泉，
比所有礼物都重要。

微笑是一品珍宝，
但最需要它的，
不是"富贵"之族，
而是"贫困"人家。

如果茫茫人海中你我擦肩而过，
却忘记微笑，
请原谅我；
不管你是否谅解，
我都以一个真诚的微笑作为道歉的信！

记住微笑的重要吧！
时刻保持微笑，
你将永远不会烦恼。

《收到鲜花以后》续写

——2014年12月4日

自从那次失败后，竟有三年没有人再提起过她。而她却依旧保留着那束早已枯萎的花。三年里，她默默无闻地继续练习体操，可她还不知道自己早已成为了这个区域中出类拔萃的选手。

在一个平常的冬天，她依旧在练习着自己不太熟练，甚至陌生的高难度动作，她要挑战自己。忽然，一个熟悉的身影从她身旁闪过，此时，她就因为这一丝转瞬即逝的感觉，不顾自己的安危，马上跳落在垫子上，在一旁观看的教练都惊讶地盯着她。那表情好像在问："她这是在做什么呀？"只见她径直走向那位穿戴整齐而又十分优雅的女子。走到女子面前，她才恍然大悟，这不就是当年那位送花的服务员吗？她兴奋极了，正准备开口说话，然而女服务员却抢先一步，说："那年你失败了，而今天的你是成功者。你那么优秀，仿佛拾回了当年第一次比赛时的自信，不，还更上一层楼了呢！"女服务员开心地笑着。

"我的自信来自于您的那束鲜花，是它支撑着我继续练习下去！"说着，她的唇边露出一丝感恩的微笑。

以后的比赛中，这位女服务员，总会坐在离她最近的地方，悄悄为她加油鼓劲。那位女运动员最终不负众望，获得了许多枚金牌，成为当时名扬四海的大满贯选手。而这一切，都是因为有一抹不易被发现的、默默关注着她、照耀着她，鼓励着她勇敢前进的微笑！

世纪间的一次穿越

——2014年12月25日

话说东汉末年三分天下，魏蜀吴三国势不两立。这个年代的人啊，都是些能打仗的、能谋划的、还有能睡觉的，哦，不对，哪有在战场上睡觉的，那还得了。所以嘛，前两个才能加起来呀，三国才算是势均力敌。

这天，我和曹可青、黄昕瑶、张瑞琦，还有我们的爸爸妈妈相约到"味蜀吾"火锅店吃饭。一路上，我和青儿蹦蹦跳跳的，有时玩拍手游戏，有时玩炒豆豆，真是乐不可支。到了火锅店门口，我们两个人还一直没有停下来，依然边走边玩，自由自在。服务员见有客人上门，热情地招呼我们："欢迎光临。"我们俩凭借着超人的默契，一起调皮地对身边的女服务员说："欢迎光临。"还得意地添上一句："里边请！"逗得两位漂亮的服务员姐姐哈哈大笑。可是，就在我俩刚踏进大门的一瞬间，事情发生了！

我们俩刚跨进大门，发现此地却非"味蜀吾"火锅店，而是一个不知名的地方。

那是一个大宅子，我们从未见过。那里充满着花香、墨香、书香，光凭这几种味道，我就敢确定，这里一定是个书香门第。什么？书香门第，难道我

们——穿越了？一时间可不容我多想。突见，一个头编双髻身穿麻裙的小丫环跑了过来，惊慌失措地大叫："此乃两贼也，捕之！捕之！"呀！这下可完了，我们莫非来到了古代？仅仅这样还不够，我们还可能被古人拘禁。想到这些，我不禁惊呼道："Oh，My God！"青儿可镇定了，若无其事地安慰我说："别动不动就呼叫上帝！听得他老人家头都大了。"说完，还笑了笑。我拿她没办法，只得对青儿说："你一会儿一定要紧跟着我啊！"她听后点点头，没再说什么。

见青儿同意了，我便拉着她的手开始低头疯跑。我感觉自己像那强壮的马拉松运动员，好像一口气就可以跑完二万五千里长征的路。

突然，一个人停在我面前，我从他的鞋子尖，一直看到头发梢，此人羽扇纶巾英姿飒爽，不正是诸葛孔明诸葛亮吗？我赶忙向他介绍道："吾乃毛弈羽，此位是曹可青。"诸葛亮听后颔首微笑回答："我乃诸葛亮。"我接着说："孔明先生，我早已听闻您的大名——"这话刚说到一半儿，突然，眼前一道白光朝我和青儿扑来，我们瞬间又消失了。

当我们睁开眼睛时，哪里还有孔明啊，周围的人正在热火朝天地涮着火锅，只有我和青儿面面相觑，想不明白怎么短短几分钟就在世纪间穿越了一把！

装大腕的歌星

——2015年1月12日

歌坛中有许多动作夸张的大腕，如：郭富城、小虎队等。他们可以说是肢体语言丰富、律动节奏感超强的明星。而就在我们这小小的五·二班，居然也出了一位装大腕的小"歌星"。

刘锐，性别：男，职业：音乐课代表。他一唱起歌来，谁也别想把他从音乐陶醉状态中拖出来。什么？你们不相信？可这由不得大家不信呀！因为我有好几百个事例证明，保证让您听后心服口服！这样，今天我就先讲几个给大家听听：

第一件事发生在四年级，地点：校外音乐培训课。放学后，我、刘昱辰、李文婷、郑好和刘锐，一起走过烟尘滚滚的城市马路，来到好玩的音乐课堂。每次我的耳朵都会被刘锐的歌声吸引。这不，郑好唱完后，"大腕"登场了。前奏一响，我便听出，这是刘锐的保留曲目《光阴的故事》。"春天的花开，秋天的歌，以及冬天的落阳……"听歌还是次要的，主要以观看刘大腕的动作为重点。他整个人像一根在秋风中摇曳的芒草，左一下右一下地摇摆，自由舒展，自我沉醉，搞笑到极点！我实在笑得腰都直不起来了，但不得不承认刘同学的演唱极具感染力！

另外一件事发生在几天前的音乐考试中，他和郑好搭档演唱《雨花石》。郑好赛前，妄言道："大将出马，一个顶俩！"结果唱到后面高音部分就败下阵来，幸好有刘大腕及时救场，挽回了局面。

再看看刘锐的动作，比前面事件中更搞笑。他的手，像一条鱼一样游动着，不停不歇。人呢，用小冯同学的话说就是："像一条曲线一样蠕动。"

这就是我们班的大腕歌星，刘锐同学。我希望他将来就是从我们班走出去的一个真正的大腕，名扬四海，誉满全球。

元宵灯谜猜猜猜

——2015年3月16日

"玉漏铜壶且莫催，铁关金锁彻夜开；谁家见月能闲坐？何处闻灯不看来？"崔液的《上元夜》描写出人们"欢娱苦日短"的感受，也展现出人们在元宵这一天赏花灯、猜灯谜的欢乐。

又一个元宵佳节来临了，街道上张灯结彩，好不喜庆。看花灯，猜灯谜，可都是元宵节的传统活动之一呢！当然，我们班也应景进行了猜灯谜的活动。

午间休息后，我回到教室。教室里一派喜气洋洋，充满着节日的气氛。讲台前，纵横交错的彩绳上挂着各式各样的灯笼，琳琅满目。细细一看，这些灯笼可都是出自同学们的巧手呀！灯笼上贴着许多的灯谜，红红绿绿，十分醒目，我挺想试着猜一猜呢！我有些等不及了，要是活动现在就开始那该有多好，我就可以早点大显身手了！这时，上天好像读懂了我的心思，因为上课铃打响了。

"丁零零……"清脆的上课铃催促我回到座位上，做好静息，一动不动。这时，曹可青踢了踢我的凳子，悄声说："兜儿，我们一起猜好不好？你去猜，我到甘老师那儿去领奖。"我不敢动，一直保持着静息的姿势，听了青儿的话后，只敢略微点点头，表示赞同。

甘老师终于宣布开始猜灯谜了。她先宣布了猜谜的规则，然后便故作神秘地喊道：“预备，猜灯谜活动现在开始！”

我和青儿一听，相视一笑，心领神会迫不及待地按原计划行动起来。我走向青儿，急急地告诉她已经猜到的几个谜底，让她赶快去排队、兑奖，而我又连忙返回猜谜大本营，继续急急地寻找着。

我在灯笼间穿行，仿佛一条游鱼，在缤纷的珊瑚间游游停停。我会时不时地抓起一条谜语，看上两遍，再思考一会儿。如果不会，就赶紧松手，去寻觅下一条美味的“猎物”。一旦猜出，就马不停蹄地跑去告诉青儿，让她赶快去领奖。

渐渐地，谜语被大家猜中了许多，也所剩无几了。仅存的两三条谜语吸引了众多同学的目光，大家你一言我一语，却始终无人能猜出来。那谜似乎得意了，手舞足蹈的，大家却像泄了气的皮球，拿它们毫无办法，乖乖地坐回座位，等老师公布谜底。

一节课的活动很快接近了尾声，而一节课的愉悦成为了这个元宵佳节最美好的记忆！一个简单的活动，却让这个元宵佳节变得与众不同，充满了欢声笑语。

夜幕降临，掩映在夜色中的那轮美丽的圆月高悬，为我们这一天画上了完美的句号！

阳光下成长

——2015年4月2日

我从小就有一个梦想，想成为一只美丽的白天鹅。

芭蕾是一种西方舞蹈，也是舞蹈中最难的舞种。它主要是依靠脚尖和肢体律动来表达舞蹈的语言，被称为脚尖上的旋转。当我兴高采烈地踏上追寻梦想的舞蹈之路时，妈妈曾叮嘱我说："宝贝，妈妈为你感到高兴，你很幸运能找到自己的梦想，那将是你人生的方向。既然你已经树立了目标，就要付出辛勤的努力，才能实现美丽的梦想。记住，妈妈永远支持你！"

追梦的过程一直很快乐，也很顺利。但，当我跳到芭蕾十级时，越来越复杂困难的技术动作，越来越密集的训练强度，都让我心生畏惧。其中"Tour chaines"和"en dedans"是我最弱的一项！我不知道自己能不能攻下这道难关？

有一天训练时，我总在旋转中反复失败，终于控制不住自己失望委屈的泪水，我抬头望向天空，试图想收回眼泪。可是，它已经悄悄地落下，我绝望地蹲在地上伤心地哭了起来。

妈妈走过来，蹲在我身旁拥抱着我，轻轻地问我："孩子，怎么了？"

"妈妈我不能成为一只美丽的白天鹅了，我做不到！"我呜咽着回答妈妈。

妈妈却笑盈盈地看着我说："宝贝，这个过程会很痛，也很苦，有时还会感到灰心。面对高强度的训练，你甚至会觉得疲惫不堪。但这些都是通往梦想的必经之路啊，宝贝，不要怕，重新站起来，勇敢地面对困难，成功地突破自己。妈妈相信有一天，你将破蛹而出，成长得比人们期待的更美丽！"

妈妈的话激励了我，让我勇敢地站了起来，继续投入到了训练当中。在舞蹈老师拍打的节奏中："1、2、3、4、5、6、7、8——蹲！"我开始了惨不忍睹的旋转，我转到最后一个时，差一点就摔倒了。于是，我只能重新再开始练"Passe"。练好了，我又开始旋转，果然又比原来好了一些。这时，舞蹈老师又告诉了我一个要领，每旋转一次"en dedans"后，必须得蹲住，不然，绝对不可能连接得上下一个旋转。老师陪我做了一个示范，我居然和刚才转的完全不一样呢！我满心欢喜，自以为已经学好了。可老师说，要想做好旋转并连转，还需要手的带力。我听到后试了试，呀！我一下子竟可以脚离地吸"Passe"连转两圈了呢！

"我学会转了。耶！"我兴奋极了，舞蹈老师也欣慰地露出了笑脸。

在追求梦想的路上，虽然一次次跌倒，但我总是会勇敢地站起来。终于，经过无数次的失败、无数次的挫折和无数次的勇敢，我成为了一只美丽的白天鹅！

等我也有了妹妹，
我就是一个姐姐。
我会有一个可爱的"小精灵"，
像以前的我拥有那样的欢愉。

我要跟她一起去荡秋千，
看白云在头顶飘过，
看小溪在脚下流淌。
我一定不会拍着她的小手喊：
"呀！荡那么高干嘛！"

我要教她世上最美的文字，
告诉她，为什么一撇一捺是个人，
告诉她，我们的祖先是怎样的勤劳与智慧。
我一定不对她鼓着眼睛说话：
"走开，我还有事儿！"

我要带她来到辽阔的海边，
先教她如何在洁白的海浪间跳"踢踏舞"，
再教她如何体味细沙中深奥的乐趣。
我不会对她吹牛：
"姐姐自己带你去！"

哎哟，我好想好想，
有个小妹妹，
那时候，呵护你，
我一定做个这样的好姐姐。

假如我是姐姐

——2015年3月17日

真诚地面对自己

——2015年3月23日

我真诚地赞美自己，
能在无边学海中畅想遨游，
吸取书中的知识，
去充实自己内心的不足。

我真诚地赞美自己，
明白世上没有完人，
但付出了，就会有收获，
只要努力付出，你就会听到成功声声呼唤。

我真诚地感激自己，
人生的"字典"中没有"放弃"，
跌倒爬起来，走向光明，
有句话说得好："条条大路通罗马！"

我真诚地感激自己，
一如既往地认真学习，
不管一路多么艰辛，
总有句话激励着我："书山有路勤为径，学海无涯苦作舟。"

我真诚地劝告自己，
上课与老师和同学沟通必不可少，
我想见到那一双双小手纷纷举过头顶，
争先恐后！

我真诚地劝告自己，
人生中，不可能去改变别人，
唯有修正自己，方能适应，
不管身边萦绕的气氛多不纯净，
但我永远要做最真实的自己！

《凡卡》续写

——2015年4月6日

　　"啪"的一声响，把做着美梦的小凡卡惊醒了。凡卡定了定神，发现立柜前站着鞋匠阿里亚希涅，自己的老板。他连忙站起来，请老板坐下，老板瞟了凡卡一眼便坐下了。

　　此时，夜已深了，大多数基督教徒都已经礼拜完毕了。他们躺在温暖的床上，睡着了。而这时的小凡卡，平静地望着窗外的天空，那闪烁的星仿佛照亮了凡卡明净的瞳孔。他看着深蓝色的天空，觉得天空中隐隐地浮现出爷爷那慈祥的面庞。看到自己的爷爷，凡卡不由得落下了两行泪，因为他的心是欣喜的，也是难过的。

　　过了一会儿，小凡卡回到老板孩子屋旁的过道上，取出被褥，躺了下来，一脸恬静地睡着了。

　　第一天，凡卡踮着脚尖向邮筒里看了看，没有回信；第二天，他又向里观望着，依旧没有。后面的几天都以同样的结局告终，直到第七天。凡卡看了看邮箱，他露出了欣喜若狂的表情，接着从邮筒中像捧珍宝一样捧出了一封信。可是，小凡卡却又突然露出失望的神色，因为，自己手上的这封"宝贝信"，也就是当天自己写的那封信。

　　凡卡伤心地向屋内走去，眼睛却一直盯着那封没寄出去的"死信"。他走进房子，正撞上迎面而来的托着鞋帮研究的老板。凡卡一惊，失手将信遗落在地。凡卡正想伸手去捡，却被老板抢先了一步。他吓出一身冷汗，此时老板看着信紧紧蹙眉。凡卡心想，这下完了，老板看完信，我的小命就不保了，那信惹来的只会是老板又一顿毒打呀！我该怎么办？

　　自从老板看了那信后，凡卡挨了打，老板也把他看得更紧了，门都不准小凡卡踏出一步。

　　现在，小凡卡，只能望向窗外，期盼着自己有一天可以逃离这个可怕的地方，和爷爷一起过上幸福美满的生活。

骤雨未晴

——2015年5月21日

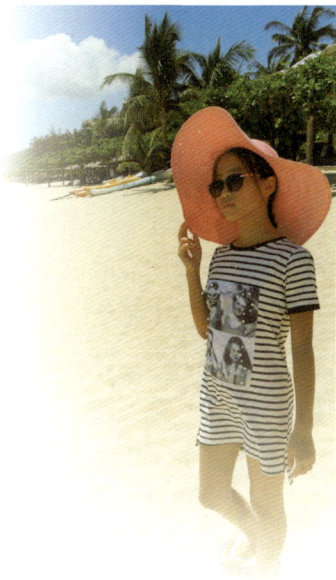

透过明净的窗，向外望，天阴蒙蒙的，如水墨一般晕染浸润了每片云彩。天边，依稀透着点儿亮光，那是天空的发丝，悄悄滑落，撩拨着多姿的大地。

校园的大门口，明显地摆着几盆挂着露水的雏菊。黄色的花瓣紧紧簇拥着，凑近了，便有那么些淡雅的芬芳，浅浅溢出。嫩绿色的茎细细的，如此稚嫩。可是，你别小瞧了这不起眼的茎，却是它支撑着花儿才得以绽放娇容。

一步跨上拱桥，倚着栏杆，静静地望着铺了睡莲的水面。翠绿的、如伞般的莲叶旁，悄悄绽着一朵淡紫色的莲花，它静静伸展腰肢，显得既俏皮又美丽，就如睡美人一般动人。

跑向小亭子，那早已开谢了的蔷薇花，耷拉着脑袋，却无不彰显出昨日的辉煌。依旧记得当初那姹紫嫣红的胜景，像瀑布一样的蔷薇把小亭点缀得如梦如幻。此时，天空下起了绵绵细雨，淅淅沥沥，我加快脚步跑向另一处繁花似锦的三角梅长廊。那一大簇三角梅争先恐后地攀上枝头，争奇斗艳，开得那么灿烂明丽！三片似叶的花瓣，紧贴在一起，像好朋友手牵着手，守护着中间的三柱花蕊。看见这么大一片三角梅，不禁想起去厦门时那片阳光下的三角梅，也是那样的多姿多彩！

雨越下越大，一滴雨已有米粒那么大小。同伴们迫不得已，用手挡在头顶，冲回了教学楼里，匆匆跑回教室。

而我，毫不惊慌，我喜欢雨滴轻敲我的发，我喜欢在水泊中留下我的足迹。就这样，我在雨中漫步，什么也不想，只感到雨落在脸颊的清凉，只闻见栀子花的芬芳，那清香沁人心脾，久久地萦绕在我的心怀，不肯散去……

就这样，我就在雨下走着、走着……

杂文习作

——2015年6月12日

一、《明灯辉煌》

平静的夜里，一盏盏明灯，为车照亮前行的路，为地铺上淡雅清辉，为世界添上一缕缕明亮的色彩！

二、《三大炮》

"咚咚咚"，不远处传来一阵阵鸣炮般的声音。跑过去，挤进人堆一看，哦，原来是那圆溜溜的"三大炮"呀！

三、《我不听啦》

我，最怕的，就是鬼故事！可是，在这个月黑风高的夜晚，我就是要试试自己的胆量！

四、《我们的尊严》

"我们的尊严不在于我们做什么，而在于我们懂得什么。"这句话出自美国卜乔治·桑塔亚那。就让这位哈佛学者的话，帮我来理解尊严的意义吧！

五、《真诚之心》

"寒雨连江夜入吴，平明送客楚山孤。洛阳亲友如相问，一片冰心在玉壶。"王昌龄一片真诚，随他一起东去难回，思乡之情定是夜夜泛起吧！

六、《地球我懂得你的心意》

灰尘在一阵风中，被卷得纷纷扬扬，街上的行人都戴着口罩，匆匆迈步，不愿停留片刻。但这样，是对美丽地球的不公，它本是宇宙中最耀眼的星，为何会逐渐暗淡，褪成有色的星球！

七、《五彩童年》

在明媚的阳光下，我们的笑脸一朵朵地绽放着。在树荫下我们牵手匆匆走过童年欢乐的光阴。在山的脚边，我们愉快地嬉戏，创造出属于自己的、五彩斑斓的童年！

"三女"战吕布

"咦？我们在哪里？"黄、毛、曹三女异口同声地"仰天长啸"一声。我左看右瞧、上张下望，脑袋里闪过三个词：战场、小马、我们。正当我在无边幻想中浏览时，一声怒吼让我们马上清醒过来。"来者何人？报上名来。"顿时，我和我的小伙伴们都惊呆了！

我仔细地打量着那人的穿着打扮。一身铁衣寒光束束，浸人心魄，胯下一匹火红的烈马。呀！那不是千里追风赤兔马吗？也就是说，那个人是……吕布！我得出结论后，马上将此事告诉身边的黄、曹二人。听到这消息后，我和小曹害怕得紧紧抱在一起，这是我们两人遇到紧急情况后永远的共同反应，就像老天爷在我们两人身上各放了一块强力磁铁一样。

此时，最让我惊讶的不是我和小曹，而是黄昕瑶的举动。她摇了摇双腿，让马儿往前走了两步，说道："我是黄昕瑶，想必你便是吕布吧！"吕布威风凛凛地点了点头，大喊一声："我就是你吕布爷爷，周瑜是不是没人了，派了三个小毛孩儿上阵，哇哈哈哈！"但吕布不知道一件事，那就是黄昕瑶有刘备的武功与武器双刀；而我，有关羽的武功与武器青龙偃月刀；小曹呢，则有那猛张飞的武功与武器长矛。黄昕瑶这时候又说："吕布，你可敢与我一战？"吕布大笑着说："哇哈哈哈，你这小毛孩儿，难道我还怕你不成！"我和曹可青见了，也赶忙拍马上前，加入战斗，我们三人齐声喊："杀呀！"吕布一点不着急，迎马前来……

我们越战越勇，吕布最终寡不敌众，闹了场大笑话。我们再次齐声喊道："耶！我们胜利啦！"

话音未落，我们三人又坐回在电影院了，周围的人正惊奇地看着我们呢！

这花儿有毒吗

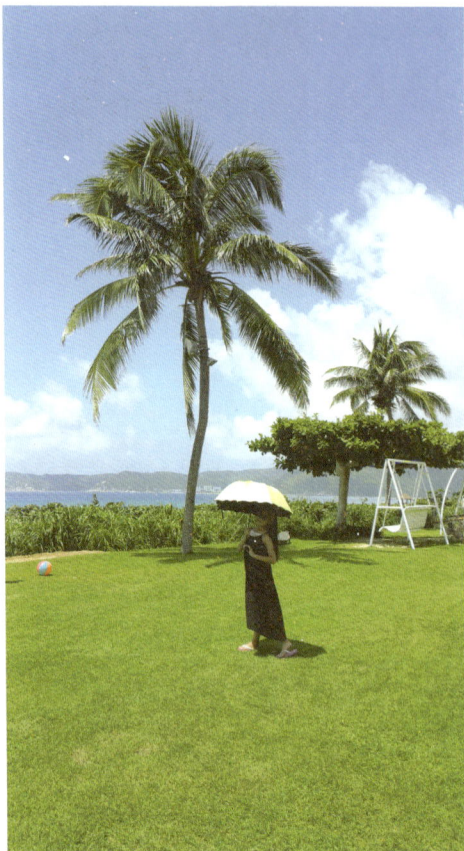

大家知道一种叫指甲花的东东吗？又知道它为什么叫指甲花吗？如果这些知识你们都很了解，那么，我相信你们一定不清楚一件事，那就是我和指甲花的"传奇故事"。

我妈妈是成都人，据她说，她小时候住家附近种有许多指甲花，一些爱美的小女生就经常用白矾把指甲花泡在水里，第二天早晨，就能从水里拿出一团软软的、白白的小东西。因为指甲花会脱色，再加上白矾的助力，脱色就更快。按在指甲上，不一会儿，那颜色就跟现在的指甲油差不多了。

但当时的我并不知道这指甲花的用处，于是，一个笑话发生了。

一次偶然的机会，我和爸爸妈妈来到了一个种菜的地方。那里有大片大片的指甲花，妈妈牵着我的手，走进指甲花地。妈妈摘下一片花瓣，揉碎后，放在了我的指甲上。很快，我的指甲变成了粉黄色。我看到这一切吓得哭了起来，嘴里大喊："妈妈，我中毒啦，救命呀！呜呜！"我使劲摇着那只手，试图摆脱那颜色。直到妈妈告诉我："这花儿没毒，只是看起来鲜艳些罢了。"我才松了口气。

听了这个故事，你觉得这花儿有毒吗？

我家的汽车变成了"爱哭鬼"

"呜呜",你们知道是谁在哭吗?

在一个一会儿阴一会晴的下午,妈咪送我来到了三省堂的旁边。妈妈停了车,我看了看表,离上课还有45分钟,于是车上的空调开始了午后运动。过了一会儿,空调这个小家伙,跑得越来越快,仿佛想让车子结冰。可是,它不可以再运动了,因为午后运动时间已经结束了。妈妈开车窗透透气,并顺手把火熄掉了,免得费油。

当妈妈再次按下启动按钮时,我听到了"呜呜"两声怪叫,特别像小婴儿。我好奇地问妈妈:"妈妈,你什么时候为车车安装了'启动装哭'的功能呀?"并偷偷地笑了起来。可是,我看着妈妈严肃的表情,好像有点儿不对劲。

果真,妈妈告诉我,车上显示的是"车内无主控",也就是车里没有车钥匙的意思。这是怎么一回事儿,没有车钥匙我们是怎么到这儿来的?还是钥匙没电了?……一串疑问在我脑袋里飘过来,飘过去,好像是在参观我的"脑物馆"。这时,一个声音把这些小问号给赶跑了,原来是妈妈。她亲切地说:"兜儿,我们先下车吧!下车问问你爸爸,他应该知道是怎么一回事儿。"但爸爸好像也不清楚是怎么回事,说让4S店的工作人员先来看看,我们该怎么办呀?

可是,我也没办法,只得先去上课,希望汽车的装哭病能尽快好起来吧!呜呜呜!

《远在天边》续写

男孩和企鹅的兴奋难以抑制，他俩对望了许久，却不曾有一句问候的话语。直到企鹅的一个动作打破了那份沉寂的宁静——企鹅向男孩伸出了它那肥嘟嘟的小手，表示心中的欢喜。

企鹅和男孩用力地划起手中那似乎变得轻盈了许多的桨，想努力让船儿和雨伞靠近。他们靠近了些，紧紧地拥抱在一起，洋溢着无比的幸福和愉悦！

他们划着小船，在海洋中漂荡。企鹅抓鱼，男孩烤鱼，最后他俩一起吃鱼。就这样，过了一天、两天、三天……他们终于回到了城市。

企鹅听男孩讲着城市里的种种新鲜事。当男孩讲到游乐园时，企鹅突然露出了欣喜的神色。男孩看出了它的心意，于是陪着企鹅去游乐园玩了许久，看到企鹅开心的笑容，男孩也觉得快乐无比。

他们玩累了，回到家，男孩提意给企鹅搭建一个小房子。于是，他们一起为企鹅筑造了一个温馨的小窝，从此企鹅再没离开男孩，彼此成为了真正形影不离的好伙伴！

捉"贼"游戏

一场锣鼓喧天的游戏

多彩的课堂，点缀着无数次的美丽。今天的这场官兵捉贼的游戏，大家快来围观哦！

情何以堪

"哦，不！"当我看见纸条上的那个字时，不禁发出一声无奈的惨叫。为什么？为什么每次玩这种侦察游戏，我，抽到的总是反派，为什么？你们这叫我情何以堪呐！但在悲愤中，总算还有一丝欣慰，这主要还得谢谢各位"观众"。

就拿这次来说吧！我抽到"贼"后，还是一如既往的淡定。那个同样淡定的陈姚睿同学，看了看疯疯癫癫的钟瀚宇，又看了看今天自以为貌美如花的柏心羽。最后用点兵点将的方式，"打"中了钟瀚宇。然而，群众的眼睛也是"雪亮"的，28个人里，只有5个人选了我这个真正的"贼"。

所以，我只能对每一次的游戏说："你们让我情何以堪呐！"

高深莫测

只能说张瑞琦是装好人不专业户。下面还是有好些观众，识破了他的一切伪装。对于这个少年，我只能说无语了。

逆转乾坤

我在下一个小组游戏中逆袭，终于幸福地选中了正派，心情"刷"的一下就好了起来。

我喜欢艺术

你们知道我最喜欢的两个课外兴趣班是什么吗？看看下面，你什么都会知道啦！

我！是一个热爱艺术的女孩。听，那舞蹈室中传出一阵美妙而清脆的音乐。看，那里只有一个身影在轻盈地舞着，整个人都立在那小小的足尖上。这就是我，一个热爱芭蕾舞的女孩。这双脚承载着我的梦想，盼望有一天，我也可以在真正的舞台上起舞，舞姿轻盈美丽，像那随风飞舞的轻轻柳絮。而台下的掌声此起彼伏，声声都似敲响的洪钟，久久不会散去。

在台上的辉煌，是数年如一日的艰苦练习成就的。就像我们经常说的芭蕾人生：别人能看到的只是你的左脚：穿着脚尖鞋和丝袜，准备上台的芭蕾舞演员。而右脚才是这群舞者的真正人生：脱下舞鞋，充满各种血泡和伤疤的变形的脚趾。这才是不为人知的真实一面。

我最喜欢的还是舞剧《睡美人》中的片段——蓝鸟！它被誉为"史上最美的芭蕾变奏"。这个舞将伴随着我参加更多的比赛和表演，这样我就已经很满足了！

我还是一个喜欢歌唱的女孩。每天我早起的原因，就是想带我的嗓子去"散散心"，也就是练声。"咪——咪——嘛——嘛——"，如果你不小心经过我家的窗外，就会经常听到这样的声音。唱歌对我来说无比重要。有人说："唱歌的人最轻松了，只要有一副好嗓子，什么都不用带，带着嗓子就可以出门，到处比赛表演了。"我可不这么认为，虽说歌者是靠嗓子吃饭，但台下花的功夫一样很多。最重要的是，我还得时时像保护眼睛一样保护我的嗓子。

我是一个喜欢艺术的女孩！

到手的"美味"又飞走了

　　人生，好比海上泛轻舟，时而狂风暴雨，时而浪花朵朵。而在今日今时这大好的和平年代，却发生了一件令我苦恼的小事。

　　那天，我去"红星美凯龙"参加中央电视台少儿春晚海选活动。经过好长一段时间的选拔，PK的最后结果是只有我和陈佳两个人的独唱节目通过了，其他入选的都是舞蹈类的节目。经过这样紧张的海选后，我终于可以放松放松了。想到红星美凯龙是家具商城，说不定可以在这里找到我心仪的小床呢！于是，我向爸爸妈妈提出建议："咱们去看看小床吧！"他们欣然同意，一起前往儿童家具区。

　　我们来到儿童卧具区。我左瞧瞧，右看看，东张西望。每家的小床都在向我招手，有欧美风、田园风、简朴风、温馨款，以及上下多功能用床。眼花缭乱，不知道选谁了。我正在艰难地做选择题的时候，耳旁响起了妈妈不急不慢的声音："兜儿，不然等咱们从云南旅游回来再说吧。你看，再有两天我们就要出发了，你现在选了也没时间送货安装，还有我建议你再到宜家去比较一下再做决定。好吗？"站在一旁的爸爸也点头表示赞同。

　　妈妈的这句话，好像把就要登上山顶的我，一下推入万丈深渊！妈妈怎么能这样呢？我在心里弱弱地想着，真是天理何在啊！这次连爸爸也支持妈妈的决定，看来我的愿望要落空了。成年人就是不懂小孩子的心，呜呜呜……

　　唉，这真是到手的"美味"一不小心就这样又飞走了！

栀子花城

一股浓郁的香味从天边，遥远的天边缓缓飘来。是玫瑰花？是黄桷兰？还是栀子花？或是兰花？正确的答案是：栀子花。

我，一个普普通通的旅行者，爱摄影，爱山水，更爱那孤独的小城。

这天，我来到一座不知名的小城边，我站在城门外，放眼望去，青山绿水，一片幽静！绵延起伏的山丘上鸟语花香，一丛丛看不清的灌木上，好像点缀着颗颗"白钻"。山脚下，一条美丽的瀑布，像一条长长的白围巾，挂在盈盈青山之间。湖边的柳树婆娑，轻拂湖面，泛起一丝丝涟漪。波光粼粼的湖面上，漂着朵朵白花，如祈愿的荷灯，如女子鬓旁双花。由大理石铺成的一片白净的道路，犹如清溪一道缓缓流。道旁的木屋已然陈旧不堪，但做工却是非常精致的。

我走进那道用木条所编成的门，立刻闻到一丝浓郁的花香。我觉得奇怪，马上又退了出来，花香马上就消失了。咦，怎么会这样呢？我再次鼓起勇气走了进去。可是，我发现，变了，一切都变了。木屋变得崭新，大理石道变成了白花铺成的花路，瀑布变成了花瓣的水流，青山也变成了处处是白花的花山。

再回过头来看看我自己，我拿出镜子照映出来，发现我的头发已经达到了小腿，这时用花瓣编成的一条头绳扎了起来，扎成了精神的马尾辫。眼睫毛也变得浓而卷翘，好像平时化妆用的假睫毛。我脚下的运动鞋也变成了白色的高跟长筒靴，上面有几朵小小的栀子花点缀着，好看极了！再看看自己的衣服，是一条后尾拖地的白色长裙，有中国旗袍的典雅，也不失欧式的英姿，整条裙子是那样的洁白，没有一点儿多余的装饰。我举起双手，看见一双洁白如玉的长筒手套上嵌着两朵白色的花儿。我惊讶地闻到，我身上居然也有那种奇异的香味，我努力回想，这熟悉的味道究竟是什么花散发出来的？哦！对了，就是栀子花！

突然，我身上的背包不见了，镜子也不见了，所有东西汇集到一起，组成花流，接着，那些花瓣编成了一根长棍，我摊开手，那根花棍便回到了我手中。这根花棍很像一条用白草做成的饰品，可它不是，而是一根散发着光芒，用柔软花瓣编成，却又无比坚固的魔法棍。

我走了几小步，轻轻地，轻轻地，用花棍点到哪儿，哪儿就会长出一朵优雅的栀子花。我走过的地方也会点出一朵绚丽的"钻"，我的裙摆拖过，就闪出丝丝浅蓝的光。

这时，几个小宫女打破了我的无忧无虑。她们身着蓝布衣，发型简单，就着一支铜簪，短短的头发，一并都卷到了后面的簪子中。她们冲着我喊道："公主，公主，我们可算找着您了。您快梳妆完毕后，跟我们去拜见娘娘吧！"我跟随她们步入了这座美丽的栀子花城。

之后的事，有些模糊，回忆不起来。但是，这美妙的栀子花城景象会印在我的脑海，直到永远，永远！

含沙射影也搞笑

大家快来瞧一瞧，看一看，走过路过，千万不要错过。今天有精彩的"冯老师搞笑课堂"直播，进来看看吧，顺便瞧瞧冯老师班的报名表！好啦，好啦，有兴趣的就进来看看吧，"冯老搞笑课堂"要开始啦！

冯老师迈着轻盈的步子走进课堂，下面原本吵闹的同学像老鼠见了猫似的，马上停风止浪，屏住呼吸。冯老师秀气地清了清嗓子，问道："谁知道含沙射影是什么意思？"

下面的观众们，你看看我，我看看你，都不知道怎么回答的时候。突然，两只白如玉脂的手举了起来，定睛一看，原来是一男一女！其中一女张宇月说出了这个词的大概意思，是指传说中一种叫蜮的动物，居水中，听到人声，会含沙射人。被射中的人皮肤生疮，如果被射中影子人也会生病。另一男好像有点不服气，连忙补充一句："不对，明明就是去射人的影子嘛，咋会变成射人呢？"

这时，还是我们的"冯青天"终止了这场无畏的辩论。她说："今天，我们就玩一个关于含沙射影的游戏吧！"冯老师这句话着实把我吓了一跳，顿时跃起八丈高，一下撞破了两面天花板。唉，我啥时候练成的铁头功嘞？心有余悸地想：这个游戏危险度可能会很高吧！

好吧，玩就玩，反正我又不上去，我只负责笑和拍桌子。

游戏开始了。第一轮，张宇月选择在中午上课时脱衣服（为你的勇气点个赞！）；第二轮，钟翰宇选择和外星人，还有小狗一起洗澡（唉，你不怕外星人漏电，还有小狗身上的跳蚤吗？）；第三轮，胡柯成一天要上100次厕所（你到底是喝了多少水呀！）。

在演员们精彩卖力的表演和观众们无法抑制的狂笑中，冯老师的这节搞笑课堂不知不觉地结束了。

好了，今天就到这里，下次见，拜拜！

茄子变兔子

一个茄子，很普通，没有任何魔法，但它却变成了兔子。这是怎么回事呢？

哦，原来是冯老师的课堂太有魔力，连茄子都为之倾倒，想加入我们一起。可是，它只有变身才能走进我们的课堂，于是我们决定帮助它，把它变身为一只兔子，就可以帮它实现这个愿望了。注意，它是被刻成了兔子！

这是我跟黄昕瑶的几次合作后的成果。

首先，我们为茄子（或者说兔子）刻上了一个大大的张开的嘴巴。这只兔子可算得上是满脸笑容了。黄昕瑶开始刻，先勾勒出大的轮廓，用刀横着切下上层的紫皮，露出那白白的鱼肚皮似的嘴巴。然后，再刻上一条在我看来不像舌头的舌头，嘴巴的雕刻就告一段落了。

接着刻眼睛，右边睁着，左边眯成一条月牙儿似的缝。不错，看上去十分调皮可爱。但，总还有几分生硬，毕竟这只是兔子的雏形嘛。

最有趣的还是那只兔子的"熊耳朵"。我们用刚刚刻眼睛时去下的紫皮，插进茄子右上方刚切好的小口子里。咦，居然恰到好处，真是绝妙的一手啊！

可是，另一只耳朵怎么办呢？我灵机一动，对黄昕瑶说："黄，要不你从刻嘴巴时切下的紫皮上弄一点来，做耳朵吧！"黄昕瑶恍然大悟说："哦，对啊！"我们互相望着对方会心一笑。

兔子尾巴做好后，便完工了。这只茄子兔子终于实现了自己的心愿，可以大摇大摆地走进冯老师的魔力课堂。我相信，它定是这世上最萌的茄子兔吧！

甜食的自述

　　我叫甜食，或者说人们喜欢叫我甜食。我最疼爱的几个心肝宝贝在四季分类中，也颇受欢迎，它们分别是春天里的芒果双皮奶、夏天里的甜筒冰激凌、秋天里的西米焦皮糕、冬天里的棒棒糖。

　　这些小家伙们迫不及待地从世界各地向我这崇高的"大判官"奔来。只要是经过我的高级加工，它们定会别有一番风味。因为，经我的手一调配，从此它们都叫甜食。

　　我每每会在棒棒糖和冰激凌上花些大心思，因为在四宝中，我更偏爱它俩。

　　棒棒糖的配料总会给我设一道坎儿，让我左跨右跨也过不去。我的棒棒糖主料单已经用掉了4页A4纸了，有兴趣的朋友可以来参观参观！上面可是堆满了密密麻麻的文字呢！想来想去，正当我脑袋里的灵感已是"人去楼空"通通消失时，一个经典的美食——巧克力登场了！棒棒糖们加上那浓郁淳香的巧克力后，顿时成了天下皆知的美食了！

　　冰激凌可就让我省心多了，配料在工厂就做好了，我只要尝一尝，符合甜食的标准，就过关了！

　　我可以在人们难过的时候给大家带来甜蜜的快乐！我可以让大家尝到天下最美的滋味——甜！我可以……

　　每天，我都看到我的心肝宝贝们被人们一样一样地捧在手心。那一张张欢乐的笑脸上，洋溢着满满的幸福和甜蜜，好像每个人的身后都有一道绚烂的彩虹似的。

　　大家都喜欢我，因为我叫甜食，我可以给他们捎去快乐！

　　我愿意为人们服务，我会永远为人们的脸颊上增添一丝甜蜜愉悦的微笑！

幽默汉字

汉字是中国的一大特色。它不像拼音文字那样，受着百般约束，它有着自己独特的风格，它的谐音故事与笑话更是数不胜数！

比如，下面这首诗《卧春》：暗梅幽闻花，卧枝伤恨底。遥问卧似水，易透达春绿。岸似绿，岸似透绿，岸是透黛绿。谁敢读出来我就佩服他。为什么这么说呢？因为它的谐音可不一般呐！你听：

《我蠢》：俺没有文化，我智商很低，要问我是谁，一头大蠢驴。俺是驴，俺是头驴，俺是头呆驴。

现在听了这谐音，你还敢读吗？

我国古代，有位才子——纪晓岚。他原名纪昀，字晓岚，又字春帆，晚号石云，又号观弈道人、孤石老人、河间才子，谥号文达，直隶沧县人。在文学作品、通俗评论中，常被称为纪晓岚。

而他的一生中也有许多关于汉字文评的故事。例如最有名的《酒席赌约》，说纪晓岚有一天和朋友一起上街。走在街上，看见前面有一家小店，店里老板娘正忙着。纪晓岚就和他的朋友打赌："我可以用一个字让老板娘笑，再用一个字让老板娘怒。"朋友们纷纷不信，就决定以一桌酒席为赌注。只见纪晓岚走向小店，向店门前的看门狗鞠了一躬，叫道："爹！"老板娘看到之后"噗"的一声乐了。这时，纪晓岚转过身又冲老板娘叫了一声："娘！"顿时，老板娘勃然大怒，直骂纪晓岚。于是，纪晓岚赢得了一桌酒席。

你说，汉字幽默吗？

勿忘当年情

还记得那年的我们，年少无知，嬉戏打闹的身影在操场上不肯离去。还记得当年灯光下书声朗朗，回荡在那幽长的走廊上。光阴荏苒，转眼间，我们已然是一群意气风发的少年，许久未曾相见。

青草悠悠扬扬地铺在土地上，享受着、沐浴着阳光。我独自一人坐在那早已褪色的椅上，只看见风儿摇落枝头那片金黄的银杏。那叶带着我的心，孤独着，寂寞着。当年的朋友们，你们在哪儿？是否也像我思念你们一样思念着我？

回首当年岁月匆匆，不会珍惜的我们，就这样任它流过，直到分离的那一刻，才知道珍惜，才知道放任岁月像流星一样划过是多么的可惜！

掸去封面上那层薄灰，翻开那本当年不经意间写下的同学录。只怕是当年的无心酿造了今天的有意，让它成为仅有的一份宝贵的回忆。那稚嫩的笔迹映入眼帘，敲击着我的心房，而我，却只能空空回想着当年的点滴欢愉！

若有一天，我们能够再相见，我定会选择永不分离。把当年的回忆，栽种成现在的美丽。让尘世的喧嚣随一缕青云淡去。让明月照尽浮华，只留下那片寂寥的山林。

如果有片荷塘月色的景，我愿站在月下舞，立在地上吟。远方的朋友们，你们是否一如当年，有着天真的面孔，纯净的心灵？你们还会不会记得当年的那份情谊？你们会不会与我一样在月下抒情？

别了，怀恋也只是心中不舍的情与意。何苦让自己夜不能寐，茶饭不能思。我不奢求更多，只愿所有人勿忘当年情！

纷扰红尘何处

千思万绪只汇集于纷扰的一生。一生，可以是一道绚丽的虹，一生，也可以是一涧黑暗的谷。

天堂，许多人向往却又害怕的极乐世界。在我的想象中，天堂，就是快乐的彼岸；天堂，就是云雾缭绕的仙境；天堂，就是人们心中那个美好的世界。那里充满善意，那里优雅地富丽堂皇。总而言之，天堂就是集世上一切美好事、物于一身的地方！

地狱，一个黑暗、恐怖、黑白无常的地方。那里总是充满邪恶的气息，总是有暗影逼人。看到这样的一幕，总会让人屏息！

而人间又在何处呢？有人说，人间在天堂与地狱的交界处。经常听人说，世界之大无奇不有，可跟天堂地狱放在一起，人间似乎显得那么微不足道。有人说，在天堂与地狱的上方，一览红尘，是何等渺茫。世上的万事万物俯仰之间，便是一生，死后天堂地狱无人知晓。

一眼望穿浮世纤尘，却看不透那天堂地狱。眨眼间，便是春去秋来。又一个轮回悄悄过去，又一个生命悄悄离去，不知是奔向了天堂还是地狱！

三者如同幻影般存在，却又有着无比灿烂的光辉。就让它们永远生生不息，照耀着这个美丽世界吧！

月色沉醉

天上的星，迷离地眨着眼。一缕清云抚去尘世的喧嚣，蒙住皎洁的月光，却依旧遮不住那清丽的影。

慢慢地，水中不再闪烁着粼波的光，睡莲也沉沉睡去。我躺在那鹅绒般柔软的草坪上，听着蟋蟀的歌唱，仿佛是一场音乐盛宴。我陶醉在这美景中，望着深蓝色的平静夜空。此时，蒙在那弯新月上的薄云轻轻揭去面纱，那月光瞬间照亮黑夜笼罩着的大地，带来一抹淡淡的轻灵，沁人心脾！那月把我的影照得如树般朦胧，如花般绰约。

我走着，任清风掠过我乌黑的发丝，任黑夜抚摸我娴静的脸庞，月下的我犹如一枚润玉被光照得透亮。我被这月色迷住了，她似妖娆妩媚的舞者，又似清秀婉约的歌者，变幻莫测。我不小心跌坐在地上，也逃不开那月色丝丝动人的牵引。

夜深了，阵阵花香从远处隐隐飘来，我又朝那株飘散着香气的花儿柔柔走去，生怕惊醒哪一种生命。来到花儿前，我仰着头，才发现，这花儿可不止一株，而是广阔的一片。月光洒在它们婀娜的身姿上，是那么的曼妙动人，使我的心中荡漾起层层涟漪。

就这样，我枕着一丝清梦，在那抹月色中，沉沉睡去……

走向真正的自己

人们，经过短短一生，有谁又真正了解过自己？这次，我不再是我自己，而是一个小小的精灵，进入那个未曾真正了解过自己的内心，去看一个小孩的童年有多么快乐！

当年，她最深刻的美好记忆，留在了那个遥远的地方——马来西亚。一个充满海浪敲击沙滩声音的夜晚，寂寞的星空没有一丝黑暗，星光下的沙滩金灿灿的，一如白天般曼妙。此时的她，正与父母一起躺在沙滩椅上，傍着大海，倚着夜空。望着那明亮的星，却让她迷失了那轮月的方向；望着那深邃的海，却让她迷失了彼岸的方向；望着起伏的一生，却让她迷失了那个真正的自己。若要再去到那个仙境一般的地方，是否还会如当年那般美好？

当年，她最悲伤的痛苦回忆，来自于那个充满消毒水味道的医院。病床上，她的妈妈，因为胆结石手术住进了医院。而她，则整日坐在床边，茶不思，饭不想。在这个洁白的世界里，她感觉生命失去了色彩，灰白一片。平时娇生惯养的她变得懂事了，会为妈妈端水、端饭，而上班的爸爸没有时间照顾妈妈。所以，她还要随时向爸爸汇报妈妈的身体状况。她盼啊盼，只盼妈妈能马上好起来。在漫长的等待中，她的心在滴血，眼在流泪，可这些从不会出现在妈妈面前，因为她知道，不可以在这个时候让妈妈担心自己。终于，妈妈康复出院了，生活恢复了正常，她便又是那个阳光的女孩，过去的忧伤，也随着母亲的出院而消散。

世间的人们，你们知道吗？真正的自己会是怎样的？简单来说，就是自己心中的那个自己，就是由七情六欲组成的那个自己。在这茫茫人世间，一个人是那么的渺小，而一个人的一生又是那么短暂。俯视这世间万物，又有几个能知晓真正的自己是怎样的？还不如顺其自然，那个最自然的你，便是那个真正的自己。

为梦想，爱上作文

老师们、同学们：

下午好！

首先，非常荣幸我是即将征战北京创新作文决赛的三省堂写作团队中的一员，非常感谢老师和同学们给予我出发前在这里与大家一起学习、交流、分享的机会，非常开心可以和同样热爱文字、热爱写作、热爱生活的伙伴们一起朝着梦想出发！

今天，与大家共同分享一下在我成长过程中关于文学梦想的一些小故事。

记得，在我很小很小的时候，最喜欢听爸爸给我讲仓颉造字的传说和甲骨文的故事，反复讲，反复听。于是，在各种五光十色的童话、神话中，神奇无比的象形字如何取代"结绳记事""契木为文"这些古老方法的故事，打败了公主和怪兽，成为了童年最深刻、最鲜活的印象。或许，从那时起，文字对我来说，是神秘遥远的，充满梦幻色彩的一粒美好的种子，深种在内心。

慢慢地，长大了，阅读了更多的经典，领略了更多的传世之作。无论是李白的狂放不羁，还是杜甫的沉郁悲怆；无论是东坡的豪迈奔放、柳永的清丽婉约，还是易安的深情缱绻。文字用另一种方式，在我面前展现出它变幻莫测的美。这时，文字对我来说，是千变万化的，具有魔术般令人啧啧称奇的力量。我似乎听到了那颗美好的种子正在茁壮发芽的声音。

渐渐地，我去了很多的地方，见到了很多的美景，认识了很多的人，有了很多的思考，我用文字把我的所闻、所见、所思、所想，我的喜、怒、哀、乐，完整地、忠实地记录下来，一篇篇、一页页，见证着我的努力、我的失败、我的成长。回头一看，文字对我来说，就像朋友一般地存在，自然而亲密，不知从何时起，它已在我的笔下盛开出一朵朵美丽的花。

亲爱的同学们，我们都是热爱文字的人，我们都是喜欢用笔记录生活点滴的人，我们都是拥有灿烂文学梦想的人，咱们一起加油吧！相信无论是明天的北京，还是未来的每一天，我们将在老师们的精心培育和指导下，摘取那颗由我们最爱的文字结出的属于我们的鲜美丰硕的果实！让我们一起朝着梦想出发吧！

谢谢大家！

盛世与胜利
——观"9·3"抗战胜利日阅兵有感

看着那早已泛黄的线装书中的字句，与黑白电影中的片段。我没有忘记！也不能忘记当年那样沧桑的历史！

葡萄架下阳光椅上的那份惬意，是战士们挺着长枪，抛头颅、洒热血换来的；乘着车去游山玩水的欢愉，是用那些奋不顾身的战士的生命作为交换的代价，而成就的！

今日隆重而盛大的阅兵，打破了以往国庆阅兵的定格，把这个庄严的仪式改至了胜利日。这是为了提醒我们，勿忘国耻。

而我看这次阅兵，看得通透，唯一看不透的，便是那老兵脸上的微笑。我不知，不知这笑容是为今日的国之富强而高兴，还是为当年的抗战胜利而自豪。亦或是两者兼具吧，才凝聚成了那苍颜一笑。

见天安门下阵阵方队走得整齐划一，井然有序，我不禁为古人慨叹。若在唐朝安禄山反叛之时，盛唐能拥有这样精良的武器与这样训练有素的军人，便不会有"江上小堂巢翡翠，院边高冢卧麒麟"之惨景。

20架飞机，飞过天安门广场，形成"70"字样的队列，以告慰当年那些牺牲的烈士。在空中悬挂的国旗与军旗，随着飞机上升，象征着祖国与军队的节节胜利，也展示出祖国今天强大的实力和先进的技术。

军人们雄壮的歌声，唱响了民族的历史，唱响了祖国的兴旺！

景色如旧，而胜利之后却已物是人非，正如那"锦江春色来天地，玉垒浮云变古今"。胜利之后，处处的狼藉被修整一新，几经发展和壮大，曾经的贫瘠与落后终于演变成"自去自来梁上燕，相亲相近水中鸥。老妻画纸为棋局，稚子敲针作钓钩"这幅世间之最的融融盛景。

经过世事风霜的面孔，总是淳朴的；就如经过努力的战斗，总会有胜利的一天！

此刻，胜利的荣耀，正挂在那面旗帜，那颗璀璨的星星之上！盛世的骄傲，正写在人们那饱含热泪的双眸中！

但愿朝阳常照我土，莫忘烈士鲜血满地！

我的一本课外书

今天，我要向大家推荐一本书——《清欢》。

这本书的作者是林清玄先生。他走过了许多的山川秀丽之景之地；他踏遍全国各处的名胜古迹。深深的感触，动情的话语，这一切一切的回忆，全都已经深深地镌刻在这一套书飞舞的文字中。或许有一天，他会忘了这美丽的风景，但他永远不会忘掉的，就是那一生的回忆！

他的这一本书中，其第一篇，名为《天寒露重，望君保重》。看似是写那娇艳妖冶的樱花，于山间徐徐飘飞。若你深深去体会那文字间包含的韵味，你会懂得，那是他对人生的理解。他用他一生的精力，用他一生的心血，去感受世界，去体味人生，方能成就这书中一字一句所蕴涵的浓浓深情！

他总是喜欢用脚丈量世界，他总是喜欢用文字描绘人生；他总是喜欢用眼去观望世界，他总是喜欢用心看透人生！

文字是他的伙伴，语言则是他用来赞美伙伴的工具。不知道有没有那样一天，他走过的山川河流，我都能一一到访；不知道有没有那样一天，他文字中的深意我都能一一体会。希望他的文字，将会是大家明天所期望看到的那缕阳光。

炎炎夏日，它如清风抚过脸颊；瑟瑟寒冬，它如暖流淌过心尖。在世俗的生活中，宇宙、天堂、永恒、无限、神圣、天使……都是那么遥远，可是当一个人深深融入一粒沙、一朵花、一只百灵鸟，也就进入了人生之秘境。

如果一个人内心的爱还不够充满，但只要有一点的关怀、一点的善意、一点的温柔，试着把那一点表达出来，久而久之，内心的情感也含因为清晰而深刻，因深刻而充沛了。

这就是我为大家推荐的一本书——《清欢》。

读《聊斋志异》有感

《聊斋志异》是清代著名小说家蒲松龄所作的文言短篇小说集。题材主要为民间的鬼神故事，简称《聊斋》，民间俗称《鬼狐传》。据我所知，其中有多篇文章被翻拍为影视作品，例如：《聂小倩》（电影《倩女幽魂》）、《崂山道士》（同名动画片）。此书堪称经典，其以题材各式，却始终不离鬼神之说的491个短篇小说构成。

站在小孩的角度来说，我们都会比较喜欢。因为它里面的故事并不像人们嘴边讲的那些鬼故事，那么恐怖，反倒多了那么七八分的故事性，使它看上去十分有趣。它的理念，是想以故事来告诉大家，人性的不淳朴，才至了鬼神，不然这世间又何来六月飞雪的《窦娥冤》一说呢？

有人喜礼佛，而敬佛；有人不信佛，而厌佛。实则为，礼佛无错，可练就心静、心诚之本领，可续就"人之初，性本善"之性善。性善，则心善；心善，则国善；国善，则天下善哉乎！而厌佛之人，往往不善。不善令此等闲人心不静、不诚，且性不善，并与予乌合之众，他日，定殃国！僧曰："空即是色，色即是空。通人而四大皆空，心善焉。"

《聊斋志异》包含了人的喜怒哀乐，悲欢离合，集世间种种于一笔之间。文字动人，流传千古，引导人心向善，则可以拥有美满一生。予哉，心善，是谓人之本也乎！

战　场

　　战场，无处不在。在那黄沙飞扬的铁蹄下，在人们口角相争的语调中。战争！一触即发！

　　而今日，我心中明了，以后，我将面对怎样的一场"战争"。所以，在托福班，进行一系列的、不断地操练。上了"战场"，我才能应对自如，因为，我早已习惯了这样的紧张氛围。

　　托福班，这个"练兵场"，九个人，正在飞速地成长。成长为参天大树，成长为百万星中，最璀璨的那一颗。在不断地磨炼中，我们明白了一个道理：只有将你的对手培养得强大，你才能变得更强大。在这儿，我们分为了两个队，"天山队"和"泰山队"。我们各有各的特点，各有各的口号。就这样不断地切磋，你便会懂得，一场比赛中，有胜利的欢笑，也有失败的痛苦。如果你不去努力地顽强拼搏，那留给你的也就只有那一份痛苦了。

　　或许，对我们来说，"练兵场"上的一次失败，不算什么。但如果长久来看，一直抱以这种心态的人，在真正的"战场"上，那便会以失败告终。

　　我，有一个梦想，想要考上七中，想要飞翔在那片蓝天。我不想随波逐流，我要靠自己的力量，去完成自己的梦想。

　　当我，坐在一个安静的教室中，听老师讲课。老师的声音听着是那样的洪亮。无声无息中，只剩下一个背影，只听见粉笔在刷刷抚过黑板。一个个笔挺的身影，一双双专注的眼睛。那时，我会想起当年刻苦的努力，一遍遍地淌过我的心田。或许，那时，我的梦想已经实现了吧！没有成功的人，他们并不是智力在成功的人之下，而是他们在该努力的年纪里，选择了享受，而在该享受的年纪里，却已经失去了享受的机会。因为不努力，他们在"战场"上退缩，让害怕占据了他们的心灵，一瞬间失去了所有的斗志，只想让成功为他们而降临，却不去想尽办法，拿到成功的火炬。

　　回到现实，我还是我。不做无谓的幻想，只用辛勤的汗水来填满知识的池塘。

　　我，要成为"战场"上那个不畏风险，不惧困难的自我！因为，我知道，只要努力过，就算失败了，我也是"战场"上的英雄！

天赋我笔赞恩师

六年，就这样过了。粉笔染白了她的发，却磨不灭她那颗澎湃的心。

一头乌黑如瀑布般的发，如弱柳万枝，扶起水花，泛着波浪。一根明晃晃的发夹上，两只蝴蝶被那芳香所吸引，久久驻足于那墨般的黑发上。整洁的额发之下，两弯柳眉如月高挂。眉下一双迷人的眼，很美却又如那桃花潭水，深邃得让人捉摸不透。她鼻梁高挺，唇不涂而自红。两颊常泛着光泽，神采奕奕，精神饱满！可一但生起气来，就变得有些可怕了。眉总蹙着，眼总圆睁，让人不觉背后一阵发寒。可不论怎么说，她对我们的爱总是那样深那样深，凝望的眼总是那样动情。这就是我的恩师，伴我走过六年的恩师！

一水清溪绕街流，万树桃花映小楼，不及她日射双颊粉容纤，一朵红苏旋融之美；纤云弄巧，怎敌她玉手从容。风萧萧而异响，云漫漫而奇色；日下壁而沈彩，月上轩而飞光。就等着时间一年年飞逝，就看着她一天天衰老。心很痛，如刀绞。无奈光阴荏苒，只得待人回忆那样美好的每一分每一秒。

还记得那个春，她领着我们把脚印烙在校园的每一个角落，带着我们寻找春天那美妙的气息。我用手抚过片片绿叶，如抚过锦幕，只感阵阵虚凉。走着走着回头一看，只有一片景和她，画面是那样的美，耐人寻味。回到教室，说出自己的感受，只等她的评点，只待她的回应。她如一盏明灯，带起我心热情的光芒。

还记得那年夏，她带我们到了三角梅盛放的走廊下。我们用手捧起一朵朵鲜花，抛向天空，看着花儿如雨纷飞落下。那时她捧着相机，把我们与花儿一同印入彩色的回忆里。她的美与花儿同醉，她的好与凉风共忆。就这样，过了许多个春夏秋冬，不曾忘却那美好的回忆。

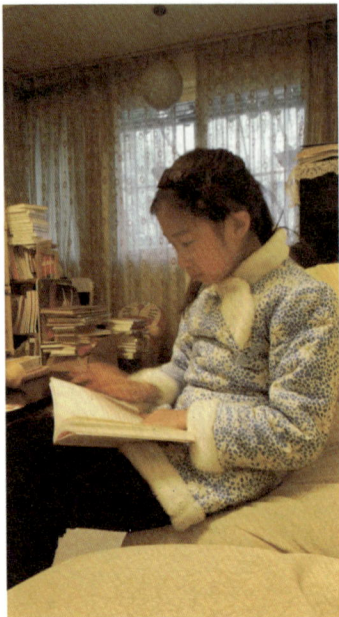

还记得某一秋，天空中虽没有太阳，却也不是阴云密布的景象。我们在操场上尽情地玩耍，笑声在耳畔久久回荡，却不知绿荫丛下，有一人，正悄然凝望。我们在草地上坐着，让思想带着欢乐飞入高高的云端，让美丽的天使听到阵阵银铃奏响。大家无话不说，无事不谈，就这么笑着闹着。这时，我突然望见那远处的她笑了，也许只为我们的天真而笑，又或者，是为了我们的友好而欣慰吧！

还记得一年冬，雪花从天落至这纷扰的尘世。她带着我们走出校园，去到那寒风吹过青云的大千世界。我们就看着这一片片雪花纷纷而至，铺满了大地，洗净了这污水汇集的渺渺之地。就在那一年，除这一天，没有下过任何一场雪。但雪比起她的冰肌玉骨，只可被人视作一滩浑水。未见昨日的寂寞，只见今日的笑颜。就让这场雪代替我们记住那一霎那间欢乐无比的回忆，与她迷人的容颜。这便可免了日后的亭台轩榭依旧在，只是朱颜衰的悲惨景象。

不见锦江春色来天地之美，只闻玉垒浮云已悄然变了古今。蓦然回首，只看见了六年时光匆匆逝去，没有一刻的停留。今日此时去了，便不可能再有同样一个今时今日。珍惜你身边的事与身边的人，莫让时光带走他们憔悴了一生的脸庞。

转眼间，天上的那缕阳光又照到了山壁之上，将要西下。我心中的话却还未讲完。她伴我走过六年的时光，看着我们一天天长大，一天天长高，又何曾想到自己也会一天又一天地衰老。

人生便如那万里长城，总是有着许多的磕磕碰碰，她却不畏风霜雨雪，带我们攀上长城之巅，只为看见那日出的曙光。

她就是我六年的恩师，甘艺琳老师。

可怜两鬓青秀色，只为育人匆匆老。光阴无情催日月，粉笔留声待人心！

毛毛雨

毛毛雨啊
纷纷落下
仰望青天
泪儿悄下
偏偏至了
四季之夏
骤雨依现
浮想联翩

顽童般的老师

出入在教室内外，处处都是老师辛勤工作的身影，若不是参加这个半日制冲刺班，我无论如何也不会知道，原来老师们付出了如此多的心血！

雨后的中午，是那么的令人沉醉，那么的静谧，空气中都充满着雨露的芬芳。稍稍地休息过后，便开始了——开心、忙碌、充实的课程。

数学的课堂上，我们的思维跳跃，就连动作也十分夸张地活跃起来。何老师外貌特别，语言幽默，眼镜中折射出数学的光彩，168厘米，是他自认为可以引以为傲的完美身高。嘴角那抹"蒙娜丽托"的笑，是那样活灵活现。课堂的视角，永远不会停留在同一个角落中。他给我们的印象，也就两个字"囧"、"帅"。

语文的海洋中，我们在童老师的鹰眼下坐得笔挺端正，时刻保持着高度的警惕。即便如此，天山童老的课堂永远不会失掉那味风趣。课堂上的要求十分严格，就如正在训练的部队一般。而两队的比拼更加激烈万分，谁也不顾惜往日的情分，拼命抵抗着，但终有一方会受到惩罚。所以，不拼，就只有一种结局，败！

再回过头来，若把两位老师说在一起，那便是不折不扣的顽童一对。

数学课每日一道的思维题，除了第一天，没有哪一天与童老师没关系。如果童老师的妹妹，叫童开水，那么何老师的妹妹一定叫何聋子；如果童老师长出了翅膀，那么何老师就演变为"火鸡腿"。总而言之，谁也说不清，他们之间的"战争"多久结束。

这就是我们半日制冲刺班的课堂，它的节奏是紧张的，但顽童般的老师们总能把课堂变得乐趣无限，所以我们是快乐的！

课堂二三幕

如果你来到这个班，就会为它的千变万化而动容！

痛的领悟

上周的失败，遗下的惩罚，在今天施行。我是一个从小被宠惯了的女孩，一出生，到现在，从来没挨过打。但今天就有了痛的领悟。童老师见我们谁也不愿先来，便让最后一个打四下。两个男生打完了，一个叫痛，一个叫舒服。我不愿让同学受多余的苦，便把第四个名额留给了自己。啊！多么痛的领悟！

乐的分享

读了《平凡的世界》，大家的感触都极深。童老师分别在每个队选了两个人，让他们分享读后感。前两个男生显得畏畏缩缩，后两个女生则畅所欲言，气势如虹。

沉的步伐

老师沉重的步伐，踏响了整栋楼，踏去了我心中的迷惑与忧愁。因为老师步伐的沉重，总是为学生们担着的心，而促成的。

见了这幕幕场景，我心中久久荡着涟漪，不断回味着它变化的千奇！

八个活宝

托福班的八个活宝每天都上演不同的闹剧，这些天都发生了些什么呢？

我们八个，四男四女，前几天课间爱上了躲猫猫。"少数民族不当猫"。我们八个活宝一齐喊着，通常就以这种方式来确定谁当猫。

20秒内，我就已经躲进了一间教室的某张桌子下。"嘀嘀嗒嗒"时间一分一秒过去了，这间教室却如一座无人问津的"荒城"。我听着门外时不时传来的脚步声心里一紧，而那些脚步却只是在门前略过，绝不涉足于这间教室。门外"徐活宝"正在寻找我，她唤道："小毛毛，小毛毛！"我才不会上当，终是不予理睬。

渐渐地，我松懈了，望着天外的白鸽，不断在楼顶盘旋的姿态。走廊中活宝们的尖叫声对于此刻的我来说，就如过耳的风，去了就去了。时间又过了一会儿，我有些待不住了，刚好大家忙着集合重新选猫，原来他们早把我这个活宝忘了。那我可以出去"透透气"了！当大家集齐时，"曹活宝"发现了我，对我叫道："我们都玩五轮了，你跑哪儿去了？"我只有无语地笑了笑。

愿活宝们天天如此，月月如此，岁岁如此，友谊地久天长！

童老师的不满

童老师对我们总有着许许多多的不满。

今天学了一篇阅读，每人指定读一段，由对方组相应座位的人，找出几个错误来。唉，这童老师也真是的，让对方找错误，就算你没错，他们也定会给你安上几条"罪名"，更何况，没有一个人全对。而这也就是令童老师不满的一点。

我读的是第3段。中间有些词更让我对自己产生了怀疑，最明显的，就是那个"咄咄逼人"。在我的印象中，"咄"字一直读duó，可今天，童老师却告诉我，这个字读duō。

托福班，这个妙趣横生的集体，两位幽默的老师，总是带领我们体验着学习的快乐！童老师的不满让我明白，事事都应努力做到极致，做到最好，才不会令对你有期望的人失望！

不敢越过天空中飞翔的雏鹰，不是不想，而是没有能力。若有一天，我能展翅高飞，我定不会甘于在人之下。

我的目标

我最近期的目标，很简单，就是考上那所理想的中学。

七中，成都市一流的中学，这便是我的目标。绿竹猗猗，苍松掩映下，那块块石板旁，淌着一池静水，水中倒映着那座蕴含着书香文艺气息的教学楼，时不时缀上带着涟漪的波光。

好似，时间飞逝，不知不觉，已走过了五年，我只剩下一年的奋斗时间。我想，想要插上翅膀，让自己的脚步快过如梭的时光！我想，想要坐进那充满明媚阳光的教室，让自己在点滴雨露的润泽下茁壮成长！

我知道，如果抱以很大的期望，失败后，失望的痛苦，便会无限地漫延在我的周围。但如果，我不抱着这份自信与期望，那我就是自己阻断了前方的路，永远望不见成功的方向。我不想，失去任何一次机会。我要每一份知识，留在我的脑海中，印在我的记忆里。不久的将来，成功的火炬将会对我闪烁耀眼的光芒！

假如，你想到达理想成为现实的地方，那就永远将"不可能"从你的人生词典中抹去。迈一步，睁眼，便站在成功的舞台上！

做最好的自己

做最好的自己。不论是谁，若把这句话当做自己人生的目标，他一定会充实、快乐、成功！

做最好的自己。说得很简单，但要做到这一点其实也不容易。

做最好的自己。首先要不断完善自己。最好不是和别人比，天外有天，人外有人。和别人比较，你永远都成不了最好的一个，你也永远享受不到成功的喜悦。最好，是和自己比较，和过去的自己比，和昨天的自己比，让自己成为今天最好的自己。努力让自己每一天都有收获，有进步。

做最好的自己。不在乎你昨天是怎样一个人，不在乎你曾经的基础有多差，只要你学会完善你自己。完善自己不是盲目地完善，比如一个学生，压缩休息和运动的时间来学习，精神固然可嘉，但这样就永远也做不到最好。人的精力是有限的，你要保证的，便是每一刻的工作效率，在精力充足的情况下不断积极进取。那么，晚上当你躺在床上的时候，就能够坦然地告诉自己，我今天做到了最好！

只要努力，你就可以比不努力的你更好；只要你坚持努力，你便是那个最好的自己！

给朋友的一封信

亲爱的朋友:

　　话说:四海之内皆兄弟!我的朋友便是数不胜数。

　　托福班的十多天,又有了许多新朋友。朋友间的感情越来越深,因为我们都珍惜友谊。

　　下课时,同学们,你若是无聊,心中寂寞,不要忘记,我永远是你的知己。明月高照之下,若能相遇,定会共抒思乡之情,对月捧金樽。

　　你,不会,不会寂寞。因为,你会想起曾经我们的友谊。明亮的灯光下,或许你在吸取更多更丰富的知识。或许,你能超过所有人。经过了世事风霜,你或许不记得,有一个人与你捧书共读,但你定会记得有过这样一个朋友。

　　时间,无声地溜走,它不会因为任何一个人而停留。所以,我们此刻要做的,就是珍惜眼前的一切。

　　朋友,长相记。

毛弈羽

国庆去哪儿啦

国庆到了，以前去过北京的许多景点，但这次，我终于走进了向往已久的人民大会堂。

穿着亮闪闪的礼服，走进人民大会堂。许多的红柱，镶着金。墙面上，贴着一面瓷画，上面雕描着一抹红日，与一棵迎客松，金瓦红砖，辉煌交纵。

走进正式的会议大厅，座位错落有致。舞台十分雄宏，两旁的幕帷，虚垂着，点缀着整个会议厅。

几番表演之后，到了最激动人心的时刻——颁奖。一开始，我十分兴奋，一直等待着自己的名字出现。可是，在几个奖项过后，我的心已经平静下来。因为，我始终没有听到自己的名字。直到最后只剩下一个压轴大奖"最佳男女主角奖"了，我心中百感交集，没想到，我居然拿到了这个奖，高兴得差点晕倒！

去过那么多次北京，相同的地方，相同的人，心情却是不相同的。

新的开始

过了那么多天，一切都有了新的开始。

座位。童老师写了八张纸条，分别写有"天山"与"泰山"，而这两座"山"也便是我们的组名。我从天的右边，来到了天的左边，成为了天山队的3号队员。希望这个队能有一个美好的、新的开始。希望同学们团结，才能让团队走向成功！

作业本。以前的作业本横着，十分容易因多翻而少一位"同伴"，而现在变为了竖着，写起来方便，也不会有损失。另外，还增加了打分区域，或许是想让我们更认真地去完成作业吧！作业本是新的，我们的作业，也得工整！

人。在之前的几周我已经丢掉了许多坏毛病，如握笔、如坐姿、如速度，都有了很大的、飞跃式的进步。我的学习应该更好，才能算有了一个新的开始！我，要在这新的开始中，努力做到最好的自己！

项羽，您好

"至今思项羽，不肯过江东。"因李清照的诗句，我也对您的这个抉择十分不解。

当年，您的军队从未打过败仗，次次胜利。而刘邦，却恰恰相反，但他从不像您这样，他失败了多少次，跌倒了多少次，却又无数次地站起来，重新开始，这也许是他成功的原因之一。您为什么不学学他，过了江东，再卷土重来呢？那样您才不会对不起您的虞姬呀！

或者，如果您能善用天下有才干的人，如当年在您旗下当小官的韩信，那最后哪还能有他助刘邦打败您的这一出呢？您若是过了江东，历史定不是这样，天下是谁的，那也就未可知了。

您的自大，使您的一生埋没在了尘埃中；您的固执，让多少人为您白白送了性命。您没想过自己，但您总该想想您身边的人啊，为您出生入死的将士，为您辛苦打下的江山想想，为翘首期盼您的江东父老想想。不是吗？

走过了那么多风霜，世事也已变迁，可亘古不变的是历史！

"成都"的拿手菜

　　成都，一个来了就不想离开的地方。

　　主要还是因为，成都是个享乐的好地方。好吃好喝好玩，样样俱全。但最有名的，还是成都的菜肴和小吃。

　　成都的美食数不胜数，麻、辣是最为人所知的两大特色。如麻婆豆腐，麻得丝丝入味；麻辣火锅，辣得浑身冒汗。这都是成都有名的拿手菜，极具特色。

　　除了特色菜，还有家常菜。在每家温馨的餐桌上，每天总有那么几道可口的家常名菜。如：鱼香肉丝、水煮牛肉、丝瓜肉末、青菜丸子汤。各个菜肴爽口美味，让人垂涎欲滴。

　　当然了，说到成都的拿手菜，谁也不会忘了小吃。三大炮、圆溜溜、白糯糯，让人一见，就忍不住想要咬一口。三合泥，紫色的一团，看上去十分甜腻。还有莲子羹，透明的水质上，撒着花花绿绿的各色坚果，十分好看。

　　成都的拿手菜，色香味，俱全！

我去哈佛

凌晨4点，走进哈佛，灯火通明。

漫步至餐厅，本以为空空如也，不想，每张长椅上，却都坐满了学生。他们手上执笔，在书上飞快地写着什么。一旁放着可乐，那是用于提神的，可乐挨着一小盘食物，那是充饥所需的。哈佛的餐厅，更像一个能吃东西的图书馆。百余座图书馆中，也只有这一所，可以这样的惬意和自由吧！

再走向最大的图书馆，至深夜，依旧放着淡橘色光辉的吊灯，悬在空中，为学生们带来几缕光线。他们看书的速度可谓一目十行，学习中充满的那种上进，让人生畏。

在哈佛，你绝不会见到有人上课睡觉，下课玩耍，因为认真的精神点亮了整个校园。

给曾阿姨的一封信

亲爱的曾阿姨：

您好！

您的儿子，在少时受的欺骗，至今，您应该忘记了吧？

做人要守信用，就如您的丈夫曾子一样，怎样说，就怎样做，不可以言行不一。您的教育，只为哄孩子开心，也许孩子一时开心了，但以后呢？会对他造成怎样的影响呢？

您做不到，就不要夸下海口，既让别人伤神，也让自己受累。在那围篱笆之内，或许有一时的欢声笑语，但是在那之后，家中便会沉浸在一片寂寞之中，无人欢畅地玩耍嬉戏。

若当时，曾子不杀那头猪，那么你们的儿子，会不会已经变成一个养成说谎习惯而影响整个人生格局的问题少年呢？

学会信守诺言，不违背、不反对。

学会不言行相悖，才能与人交好，与人交流。

毛弈羽

在山里的生活

下了一阵雨，山里天气转凉了，入夜秋意浓。月光穿松柏，徒留下一层清辉，在地面上摆。清澈的泉水，潺潺淌在石头间，水声叮咚响。那边竹丛中，传来嬉笑的声音，是谁的声音。原来是这样，洗衣服的妇女们，准备回家了。渔船正向下，河面上的荷花叶，被一同挤开。

匆忙的人啊，春天的荒草凋零，已纷纷扬扬。山里的秋景，却还是别有风味，值得人驻足。但行人们啊，为何不肯留下来，欣赏欣赏呢？

我养成了一个好习惯

我养成了一个正确握笔的好习惯。

原来，我的大拇指，总是喜欢到别人家去"做客"，而这种姿势一握，就是好几年。再来看看我的中指，因为长期如此握笔而有了一层被磨得油亮的皮。在快速的、长时间的写作中，总感到手指酸痛，时不时停下来甩甩手。但这样，不仅浪费了宝贵的时间，而且，还毁掉了作文一气呵成的效果。所以，我决定要改掉这个缠人、无益的握笔姿势！

而我，自从到了托福班，便被天山童老要求，必须按正确的方式握笔。而正确的握笔姿势就是：食指与拇指间，间隔一条小马路，形状要如鹰嘴。被这样要求，开始不习惯，可是，慢慢便适应了这样的握笔方式。

从那以后，写作时一气呵成，不会再停下来，甩甩手，写字也愈发好看了。心中暗喜：原来学会了握笔，一切都这么轻松呀！

因为懂得了握笔姿势的重要性，所以，我养成了一个正确握笔的好习惯！

冬天来了

这个城市的秋已远去。

在片片落叶中，萧瑟的秋，已然去了。不见那金色的银杏叶凋零了，树梢头只有几片孤叶，在寒风中凛然。然而，一场暴雨之后，冬，便无声悄至了这个渐渐冷下来的城市。

虽不见一阵刺眼的白，但清晨出发时，口中呵出的白气，迷茫了我的双眼，让我看不清眼前的路，让我不知不觉中，才明白，现在已经是冬天了，已不再绿意盎然。

看着街上行人不断加起一层层棉大衣，一双双厚棉鞋，像个雪球似的笨重地走在街上。我不由感慨！为什么人们那样惧怕寒冷，惧怕冬天？这不正是你们夏天时所热切盼望的凉爽吗？我不明白，不明白为什么有四季变幻，为什么有生命轮回！更不明白为什么人们总是学不会满足，那样的贪婪！

悄悄、悄悄……

这个城市的冬已来。

祝贺小毛

我自己，要出书。真高兴，心欢喜。齐祝贺，来相聚！

就这一天，改变自己。忘记昨天，只记今日。没有忧虑，潜心苦读，文思泉涌，才华横溢。从二年级，开始写话。至三年级，开始写作。到四年级，发表文章。又五年级，始见锋芒。今六年级，至托福班。

兴奋啊开心，我已有进步，我略有文采。大家来祝贺，我心乐无比，望我永上进！

毛弈羽小传

一羽毛，个虽小，志不小。学习好，不自扰，靠技巧。静悄悄，才华绕。

毛毛雨啊，纷纷落下。仰望青天，泪儿悄下。偏偏至了，四季之夏。骤雨依现，浮想联翩。

少年之学之，如晓出晨曦；壮年之学之，如正阳将西；老年之学之，如秉烛夜行。唯我之独奇，楼更上一梯！

一粒种子

火红的余晖

映着我的脸庞

变得莹润了些许

一把绿色的遮阳伞在头顶绚丽盛开

迎夕阳而去

抚去眼前美丽的景

尘世也只是一粒种子

尘埃落定

2013年暑假生活日记

7月1日　星期一

今天，我跳完舞就跟着妈妈打羽毛球去了。

到了球场，妈妈的同事们早已经开始了激烈的"战斗"。随后，妈妈也换上鞋，加入了这场"战斗"。

"咦！他们在干什么？"我发现旁边有一群男孩儿，走过去一看，哦！原来他们是在做拉伸练习，锻炼韧带呀！

知道了他们在做什么，我便也在旁边和他们一起练习起来。当然，我的韧带可比他们好得多喽！突然，有个男孩"哇！哇！"大叫起来，接着又有几个男孩子也叫了出来。这时，教练发现了我，让我和他们一起练，还表扬了我的柔韧性比他们都好，我心里美滋滋的。

我的妈妈是羽毛球运动的高手，在她练习的空闲时候，我上到球场和妈妈一起打了一会儿，太好玩儿了。

时光飞逝，今天我的球场旅游就结束了！

7月2日　星期二

我去参加了成都市中小学生艺术人才声乐比赛。我觉得我唱得很棒，很有自信，这次一定能取得一个好成绩。你们知道我为什么会这样说吗？如果想知道，那就让我来慢慢告诉你们吧。

我一走进比赛场地，老师会先给服装打分。等伴奏一响我就开始跟着节奏动起来，然后再亮开美妙的歌喉。

我一唱，就发现有一个老师陶醉在了我的歌声中，不断地摇头晃脑。我唱完以后去取伴奏光碟时，那位评委老师拍着我的背，亲切地说："你唱得很棒，希望你以后再接再厉哦！加油！"听了这番话，我心里别提有多高兴了！

7月3日　星期三

今天，我去参加舞蹈集训了。这次主要学的是外国民间舞。

外国民间舞又名性格舞，是一种很豪放的舞蹈。我们今天就是要把高雅的芭蕾舞和豪

放的民间舞融合起来，组成一个特别的舞蹈。

首先要练习平转，要求头永远看一点。但是大家都知道一个小常识，人是不可能身体动而头不动的，对吧？这个还要靠芭蕾动作留头与甩头呢！这两个动作可考验技术了，留头要尽量留住，甩头就一定要快，才能有效果，而且必须一遍一遍地转。练了许久才做好这个动作。最后还练了踢腿，这个就更难了。

今天练得很辛苦，但很欣慰。

7月4日　星期四

我最爱看科教频道的《我爱发明》这个节目。

今天我也看了这个节目，他们发明了拔蒜机，节目组让制造拔蒜机的人用机器与村里拔蒜速度最快的人来一场比赛。

比赛途中，拔蒜机突然出现了故障，一团泥巴搅进了发动机，比赛只好暂停了。

那个人把拔蒜机仔细检查了一遍，并进行了一系列的改造，比赛就又重新开始啦！

这次可有了不小的变化呢，拔蒜机没有再出问题，很有速度地拔完了蒜，当然最后拔蒜机胜出哦。

广告之后，马上回来！

7月6日　星期六

今天，我发现了一个奇妙的景象、黄昏时分，我刚上完兴趣班的时候，突然，天空中出现了一团橙红色的云朵，很像一个桔子。哦，不对，应该是像森林大火才对。我很好奇，便问妈妈："妈妈，为什么天上会有这样的云呢？它叫什么名字呀？"妈妈回答道："这种云叫作火烧云，会在天气很晴朗的傍晚出现。"望着这片火烧云，让我想起了我们的课文，下面我要来仿写课文了："火烧云天上飘，今天就是晴天。"可这句话好像没有什么意义哦！

本次日记到此结束，请各笔分班（牵手）回笔袋。

7月8日　星期一

今天，我发现小屋外面的那棵树上有一片很大的叶子，如果说那片叶子简直和大象的耳朵一样大，这一点都不夸张。还有这片叶子的绿，是那种刚要萌发的绿，太美了。它就像爱莲说里的莲花一样，其他的叶子就像淤泥一样混杂不堪，但那片叶子就像荷花一样出淤泥而不染呢！

我也很喜欢茉莉花，它很清香，泡出来的茶也很好喝，而且清澈透明，可以泡十几次依然有浓浓的香味儿。

啊，茉莉花是我心中的女神！

7月9日　星期二

今天，我去锦城艺术宫面试了。全成都会唱歌的小朋友都汇聚在这里，争取能与来成都表演的红叶合唱团同台演唱的机会。

我们三个三个一组进去试唱。我和一个男孩一个女孩一组，那个面试的教室安的是隔音墙，所以我们只有把耳朵贴在墙上才能听见一些很微弱的声音。

等上一组唱完以后，我们这组就进去接受挑选了。第一个男孩的歌喉出乎意料的好，唱得很不错。第二个是我，我先向老师们介绍了自己，然后开始演唱。唱完以后，我觉得我的水平已经正常地发挥出来了，自己还是比较满意，希望能通过。最后一个女孩不知道是不是因为太紧张，居然唱跑调了，唉，真可惜呀！

结果，我面试通过啦。太好了！

7月10日　星期三

今天，妈妈在们们单位买了几把挂面回来。当妈妈回到家时，我先给了妈妈一个大大的拥抱，然后把挂面帮妈妈拎进了餐厅。

到了吃晚饭的时候，妈妈给我们一人煮了一碗挂面。当我看到那晶莹剔透的挂面时，很惊讶地对妈妈说：“哇！妈妈，这不应该叫单纯的挂面，简直应该叫水晶挂面嘛！”

吃了第一口，我便跟妈妈讲：“我以后就只吃这种挂面啦！简直是天下第一美味呀！”然后就开始狼吞虎咽地吃了起来。

7月11日　星期四

今天，我买了一套魔术荟萃，里面的道具可以变60多种魔术呢！

我先是玩那个铁链和铁环的魔术。铁环挂在铁链上，如果不打结，是不是会掉下来呢？但是我有办法让它掉不下来，瞧，一下就成功了。当然我不会告诉大家这个魔术是怎么变的喽。

下一个是丝巾戏法，我要把丝巾变走又变回来。先拿一面丝巾，把丝巾拿给观众看是不是两面都没有东西，然后把丝巾放进手里，吹一口气没了，再吹一口气丝巾又回来了。怎么样，很神奇吧？但是，我仍然不会告诉你们这个秘密哦。

魔术是不是很有趣的游戏呢？

7月13日　星期六

今天，我让爸爸给我画了一幅素描像，让他画出我看书的样子。

在爸爸画的时候，我的鼻子有些痒，可是画素描的时候人是不能动的，所以我只有忍到爸爸画完为止了。

画完之后，我马上抓了抓鼻子，马上就舒服多了。然后我看了看爸爸画好的素描，结果却让我大失所望。我的爸爸居然把我画得像个外星人一样丑，眼睛居然画成了一个扁扁的黑黑的圆形。呜呜！

7月14日　星期天

今天爸爸值班，可不巧的是，妈妈突然发烧了。我本来是计划去游泳的，但妈妈生病了，我就决定不去游泳了，在家里好好照顾妈妈。

我先给妈妈测了一下体温，哇，我的妈妈真的发烧啦！我赶紧给她倒了杯水，试了试水温，觉得水温合适了，就让她赶紧喝下去。

接下来，我和妈妈一起躺在沙发上看了我们最喜欢的"快乐大本营"，这期又恰好有"谁是卧底"的游戏，太好玩了。

可是到了晚上7点19分的时候，我觉得饥肠辘辘了，于是我就点了外卖。叫醒妈妈吃饭，可是妈妈说她没有胃口，只喝了一点汤，好可怜啊！

真希望妈妈赶快好起来，真希望爸爸赶快值完班回来，和我一起照顾她。

7月15日　星期一

今天，我看了科教频道的《自然传奇》栏目，今天的主题十分特别，是"动物世界奥运会"。

参加比赛的有五大类动物，分别是：哺乳动物、爬行两栖类动物、鸟类、还有鱼类和昆虫。

第一项是跳远比赛。参加比赛的有：袋鼠、企鹅、滩涂鱼，还有火箭蛙。先是小袋鼠一跃而起，跳出了26米的好成绩哦！而夺得冠军的则是火箭蛙，它一跳，虽然跳出了沙坑，超越了人类的纪录啊！

……

最后一项是游泳比赛，冠军是巨蜥，本来巨蜥是最后一名，可是在最后阶段它冲刺了。最后爬行两栖类动物夺冠啦！

7月17日　星期三

我家住在一楼，我们楼上的邻居喜欢把他们家吃剩下的食物放在我小屋的窗户下面，喂小区里的猫咪们。于是，每天晚上，猫咪们就在我的窗外使劲地叫，叫得我都不能睡个安稳觉。不仅这样，还有那些喂猫的食物会散发出很怪的味道，也让我感到有些烦躁。

今天，散步的时候刚好碰见了楼上的邻居一家。爸爸上前去向他们说明了这个情况，和他们商量看看能不能不要在我的窗户下面投食，可以到小区比较空旷的地方去喂猫，这样也不会影响大家休息。

我想，猫咪们肯定已经习惯每天都到这里来找食物，如果邻居不在这里投食，不知道它们会不会还是要到我的窗外来叫唤呢？

7月18日　星期四

今天，我看了一本书，名叫《大笑话小阿柑》。里面有一个故事我特别喜欢，是这样的：一天，小阿柑在家里看书时，不知不觉中就睡了过去。小阿柑特别喜欢吃，在梦中都想着吃，吃吃吃，除了吃还是吃，简直就是一个吃货。他在梦里吃着山珍海味，在梦中吃起了书来，突然他觉得味道很怪，就从梦中醒了过来，发现自己最喜欢的《剑客江湖传》就这样被自己咬了，他哇的一声哭了出来，还跟妈妈耍起了赖皮呢！你说搞笑不搞笑，哈哈！

7月19日　星期五

今天，我知道了一个热胀冷缩的原理哦！

晚上，爸爸把香喷喷的大土豆煮上以后，对妈妈说："等会儿土豆煮好以后，记得要把它放在冷水里泡一泡哈！"

我问妈妈："为什么要把土豆泡在冷水里呢？"妈妈解释说："这是热胀冷缩的原理，土豆在那么热的锅里一定会变大，也就把土豆皮变大，可是土豆

皮不会再变到原来那么小了，而土豆是软的，遇到冷水就会变小，剥皮就方便多了，这就是科学。"

科学真有趣！

7月20日　星期六

晚上我和爸爸妈妈一起去了锦里玩。

我们一进锦里的大门，就被一串串的小摊儿吸引住了。其中有个小摊儿上摆了许多稀奇古怪的小玩具。有猴子上树、猴子翻跟斗，它能做的花样最多，我便把它买了下来。试了一下，还真的是很有趣呢！

我还买了一把扇子，这把扇子上还写着"王婆婆卖茶"这首童谣哦！你想知道它是怎样的吗？那就让我念给你听听吧：王婆婆在卖茶，三个观音来吃茶。后花园三匹马，两个童儿打一打。王婆婆骂一骂，隔壁子幺姑儿说闲话。记得哦，要用正宗的成都腔说，会更好听哦！

7月22日　星期一

今天早上，下了很大的一场雨。当我去训练时，走在路上，雨伞也遮挡不住，我的几把小头发都变成了一根根小水管了呢！

可是我看天气预报上说20号以后就没有雨了呀，这是怎么一回事呢？又转念一想，天气预报也不可能完全准确的。

中午我睡一觉醒来之后，发现天空特别蓝，云特别白，这又是怎么一回事呢？也许这就是雨过天晴的道理吧！

我希望今天成都能够出现彩虹就好了。但我终究还是失望了，因为我们成都这种地理位置决定了的，想要看见彩虹太不容易了。

不过，今天的我已经很快乐了！

7月23日　星期二

今天，我在奶奶家大屋里发现了一颗酷似玛瑙的驱蚊珠，红色的，但表面上却呈现出淡淡的橙色光泽，表面上有两个凹面，所以看起来不是特别圆润光滑。

这颗珠子的香味儿更是耐人寻味，香气扑鼻。上面还有一个黄色的中国结，下面还有许多黄色的线呢！

这样的驱蚊珠挂在床头美观又好闻，而且驱蚊效果还很好呢。既有观赏价值，又有实用价值，真是两全其美啊！

7月24日　星期三

今天，我在电视上看到了一个很漂亮的瓶子，那是宋朝珍品汝窑瓷！

但我不能确定这件汝窑瓷是真是假。可是，我觉得不管它是真是假，它总

是美的，美的东西是值得共享的。

汝窑瓷呈微蓝色，锦瓶状，在我眼中，这就是这世上绝无仅有的宝物啊。

今天还有一件不幸的事儿。就是：我的食指不小心被奶奶家的阳台门给夹了一下。现在写日记还在疼呢。哎呀！今天日记就写到这儿吧，我的食指要休息了，再见！

7月25日　星期四

今天，奶奶给我泡了一杯青果蜂蜜水。

这种水不仅清香，而且甘甜，颜色也十分透亮。

这种水的香味也十分诱人，是清晨刚下过雨的那种清香。

喝一口便让人回味无穷呢！

它还有一种奇特的功效，就是可以让人在炎炎夏日感到一丝清爽。还有，就是让人思路清晰，心平如镜面。

青果蜂蜜水是我喝过最好喝的水，我永远都不会忘记的！

7月26日　星期五

今天，我在奶奶家吃了三个大鸭梨。

这种大鸭梨的口感，是入口即化，香甜可口，一见到就会让人不断流口水。这就是为什么我能连续吃三个的原因了。

我还在奶奶家吃到了最好吃的葡萄。那葡萄晶莹剔透，味道酸酸甜甜的，十分的好吃。如果吃上一次，便难以忘怀！

可是，这两种水果虽然好吃，但果皮却让人伤透脑筋，吃完就要倒掉，不然就会招来小虫子的！

7月28日　星期天

今天，奶奶给我买了一个枣泥蛋糕。

这个蛋糕香软甜糯，闻起来还有股淡淡的枣味呢！实在很好吃呀！

枣泥蛋糕长得也十分可人，是娃娃形的，上面还有一个蝴蝶结，看上去像个笑脸娃娃，看上去让人流口水。

蛋糕的颜色是棕色，上面有一些枣皮。咬一口，入口即化，太美味了！

7月29日　星期一

奶奶给我买了一条项链，十分漂亮。

这个链子是用黑色真皮做的，戴着十分舒服，也不热呀！

坠子是金子做的，下面还有一个粉红色的玉珠子，对着光，不同的方向，它的色泽是会变的，还闪耀着夺目的光芒，看得人眼花缭乱。

我太喜欢这个项链了，谢谢奶奶哦！

7月30日　星期二

今天，我们没有去排练，因为明天我们就要登台表演了。我太激动啦！

妈妈给我买了一大袋板蓝根花茶。每个小袋里面有两颗冰糖，卖家可能是怕药太苦，所以才又加两颗小冰糖吧！

等茶泡好了以后，我尝了一口，哇！太好喝了，虽然有一些酸味儿，但依然是甜蜜蜜的呢！

这个茶太好喝了！

2014年暑假北京行日记

7月28日—8月2日　　星期一～六

快乐的夏令营

　　在今年这个炎热的夏日，我忘记了一切烦恼，准备踏上那奇妙的北京之旅！

　　我来到了成都的双流机场，虽然已经来过这里许多次，但不知这次是不是因为我是第一次独自远行，心里除了一丝丝激动，更多的是有点紧张和不舍。没有妈妈的陪伴，我拖着行李独自走向登机牌的柜台，老师用狮子般的吼声喊道："把行李排成两列放起来，把身份证交给老师！"那声音，好像全机场都能听见似的，让人心生恐怖。上了飞机，我在想念妈妈的思绪中，渐渐进入了甜甜的梦乡。我梦见了北京的宏伟壮丽，梦见了北京的绿树成荫，还梦见了北京的温暖小屋……转眼间，两个小时过去了。这时，广播里响起了空姐温婉而清脆得如出谷黄鹂般的声音："女士们，先生们，大家下午好，请大家做好下机准备，请拿好自己的随身物品，谢谢大家的配合，祝大家旅途愉快！"我们下了飞机就立即前往北京二十一世纪国际学校入住，这里是我们这次夏令营的家。因为太累，我简单洗漱后，又迅速进入了梦中的村落。

第二天，激烈的比赛即将开始，大家的眼中都流露出一丝丝的小紧张。但开幕式上嘉宾老师精彩的发言使我们精神为之一振！"大战"马上就要开始了，不过，这次"战场"上飞溅的都是倾盆的"墨雨"。这些"墨雨"使"战场"变得文采飞扬，充满书香的味道！而我如饥似渴地把自己所知道而又可用的知识向外"抛"，一鼓作气写了一篇将近千字的文章！大赛给的时间是一个半小时，但是，我为我自己写作速度的快而感到惊叹，我居然只用了48分钟，这太不可思议了！

接下来的几天里，我们依次去了故宫、科技馆、鸟巢、长城、清华大学和国家博物馆这些著名的景点，在这些地方，我们不仅观赏了美景，还收获了知识。

到了最后一天，也是最激动人心的一天——颁奖典礼！

颁奖嘉宾里居然有樊发稼爷爷和清华牛人张立勇，一千多人的会场瞬间沸腾了。最令人期待的颁奖时间到了，嘉宾老师是按从三等奖到特等奖的顺序来念名字。在念三等奖时我的好朋友朵朵的名字出现在我的耳边，当时她惊了一下，却马上又回过神来兴高采烈地上去领奖了。我坐在下面，心"砰砰"地跳着，好像有一只小鹿在撞来撞去似的。终于那逆耳的三等奖名单念完了，但我那颗紧张的心却一直悬着不敢放下。生怕放松一下，我的名字就会出现在二等奖的名单中。而我们学校的赵老师却一直在旁边支持着我，相信我会是一等奖中的一名。真的没有

出乎老师的意料，我没有辜负赵老师的期望，拿到了一等奖！当时，我开心得一蹦三尺高，直奔向颁奖台，差点没哭出来，这幸福来得太突然了，我真是抑制不住心中的那份喜悦，直到现在都还有些没醒过味儿来呢！说起来，真是"皇天不负有心人"，平时坚持作文课的训练，加上大赛前在四川特训营中的七天集训，终于在这样的比赛中取得了好的成绩。

以后，我会继续努力，争取再次登上成功的巅峰！

8月3日　　　星期日　　　晴

畅游景山公园

夏令营结束了，妈妈来到北京和我会合，我们决定再在北京待几天。

今天真是幸福啊，妈妈说我们可以睡到自然醒。可能是因为前几天太奔波，我躺在床上沉沉地睡着，如果不是窗外一阵轻轻脆脆的鸟鸣把我吵醒，或许我能睡到中午吧。一醒来，我想起妈妈说今天要去景山公园登高眺望北京中轴线，马上冲下床，"飞"到洗漱台边，收拾好一切，恨不得一眨眼就到了景山公园里。

终于，我们来到了景山公园，爬上景山的最高处，远眺北京的中轴线，一直延伸到看不见的远方。走下来又悠闲地到处逛逛，公园里有好多北京老人聚集在一起高声合唱，让人大开眼界！就这样，看了东边望西边，走了南边跑北边，好不自在！突然，路标上的几个字吸引了我的目光："崇祯皇帝殉国处。"同游的人都说想去看看，我不可能落单，便也跟着去了，但心里总觉得

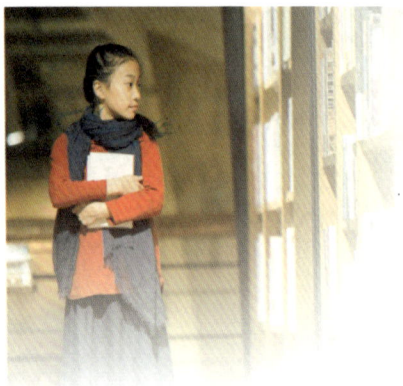

晦气。平时，我比较喜欢看清宫剧，而那里面上吊的人也不少，所以，快要走到的时候，我一眼就看出崇祯皇帝上吊的那根枝丫。嘿，我这小眼神儿。但转眼我又为自己在这么神圣的地方走神感到自责，这种时候不是应该悲伤吗？唉，严肃点。

景山的乐趣是无穷的，悲伤是有节制的，让我们一起畅游在那美丽的景山中吧！

8月4日　　星期一　　雨

登中央电视塔

8月是个炎热的季节，太阳始终漫步在北京城的上空。可今天，太阳公公躲起来了，小雨姐姐翩翩而来。在这样的季节，能够在雨中游览，真是很开心的一件事。刚出门的我发现自己忘记带雨伞了，立马拉着妈妈飞奔回房间，拿上了粉嫩嫩的伞，又立刻冲出了房间！

转眼间，我们来到了中央电视塔，那场面真是壮观得惊人！电视塔"身高"约238米，这是一个令人惊叹的高度！那里的电梯以每秒5米的速度爬升着，站在里面耳朵会觉得很不舒服，堵堵的。

我们来到了塔的最高层，这么热的天气，我的身体居然感觉像被寒风刮着似的，一股凉意透入我的心房。过了好一会儿，我才渐渐适应，感觉风好像小了一点，又可以畅快地呼吸了。我这才小心翼翼地走向眺望台，向外望去。北京可真大呀，但我站在此处，它却变得渺小了许多，环顾四周，感觉紫禁城此时就在我的脚下，美景如画！

8月5日　　星期二　　晴

"老书虫"

大家都知道书店吧？今天，我就要带大家走进一个与众不同的神奇书店！

这个书店曾被"孤独星球"杂志评为"全球最美的书店"之一，而这家书店也是当时中国唯一入选的书店。它叫"老书虫"。所以，这家书店在我们国家可谓是无人不知、无人不晓呀，也就是人们说的家喻户晓，呵呵！这次来北京妈妈专门带我到这里开开眼界，我太喜欢这个地方了。

现在，我来为大家描述一下这家书店吧！我最喜欢这家书店的装修风格，尤其是它的天花板，上面一匹黄澄澄的丝绸卷布，上面挂着许多水晶似的吊灯，透明的灯管顶部有一个发亮的小圆点儿，也叫灯芯。这个灯芯看来很小，却也能在黑暗时给人带来光明。夜晚降临时，这些小小的灯芯就像挂在天幕上的满天繁星。

再来说说这个书店最不可思议的是店员，他们的性格多种多样，有的比较温柔，有的比较火辣。我们刚认识了一个哥哥，名叫蒙波，他就比较火辣，一口北京腔，说话也很搞笑，真是个开心果呀！

当然，我相信，这家书店魅力最大的还是书！每面墙壁上都是满满的书架，上面一本本英文书整齐地排列着，几乎没有中文书，说夸张点中文书的数量用指头都能数得一清二楚！我坐在这家书店的某个角落，仿佛都能闻到书香夹杂着咖啡的味道！

书的魅力是没有什么能够与其比肩的，让书在世上结成一片海洋，让书的能量温暖每一个人的心灵。

8月6日　　星期三　　晴

梦中的北京大学

大家知道我为什么说是梦中的北大吗？那是因为北京大学是我国最好的大学，也是我八年后的目标！那里有我的梦想。今天，我就带着大家一起走进我日思夜想的北大吧！

刚走到北京大学的东门口，那人山人海的景象让我心中一惊，这得排到什么时候才能进去呀？但我又观察了一下，发现队伍移动速度还是挺快的，我又放下心来。可是谁知，快排到我们的时候，大门就关上了。因为，北大有个规定，上午11点30分就闭门不能进人了，多一秒，少一秒，多一个人，少一个人，都不行。我是多么想进去看看呐，迫于无奈，我们只好另想办法花了200元钱坐车进去了！

进入向往的北大，我和妈妈租了一辆自行车，妈妈载着我，骑行在北大的每个角落。未名湖畔的美景令我赞叹，微风轻拂着嫩嫩的柳梢，小鸟在枝头清脆地鸣叫；湖中碧水荡漾，博雅塔倒映在如镜的湖面；小草呼唤着睡莲，让它们睁开了惺忪的睡眼……一连串的美景映入眼帘，美不胜收！

我们骑着车穿行在绿树丛林间，闻着小花的香味，感受着百年名校的点点滴滴。一丝笑意浮现在我的脸颊，我喜欢这里，我悄悄地在北大留言簿上写下自己的心愿，与梦中的北大相约八年后再见。

8月7日　　星期四　　晴

文化与艺术的旅程

　　京剧和昆曲是两种息息相关的戏曲，却又是两种不同的戏曲。这次北京之行，妈妈带我欣赏了这两个不同的戏种。我们在长安大戏院观赏了京剧《三娘教子》，在中山音乐堂观看了昆曲《西厢记》。我都很喜欢，看了这两出戏后，我突然有了想跟爷爷学京剧的念头。

　　我的爷爷是位"京剧高手"，在成都票友中也小有名气。虽然，爷爷已年届古稀，但是他仍然每天骑着那旧旧的车东奔西跑去唱戏。从17岁开始迷恋上京剧，到现在的高龄，这么多年间爷爷为了这个爱好一直努力地学习和练习，所以，才拥有了今天吹拉弹唱样样行的才能。

　　我爷爷说："昆曲是京剧的'祖先'，但它们的唱法是不一样的。昆曲唱得清丽高雅，唱词中很多引经据典，不大能懂。而京剧则是豪情壮志，通俗易懂，十分出彩。"我决定这次从北京回家后，就请爷爷教我京剧，让我以后，也能吹拉弹唱样样能行！

8月8日　　星期五　　晴

结束旅程的八日

　　我们的旅程就要结束了，今天，我想对这次旅程做一个总结！

　　这次我在北京前后待了15天，对整个旅程非常满意。但是，唯一的小缺点就是前面

夏令营的几天时间太赶了，差点把我的脚走断掉。我5岁的时候曾经来过北京，这是我第二次来北京，和第一次相比我的感觉完全不同。当时的记忆比较模糊了，而这次旅行我却感受到了很多不一样的东西。比如说地铁，我们每天都是坐地铁出行，在各条线中转来转去。在地铁站，我能了解到很多北京的风土人情，尤其是不同的北京人。地铁里很拥挤，有些北京人很友好，有些北京人就会在嘴里嘀咕唠叨，表达不满。我觉得这样特别不好，很影响首都的形象，北京是北京人民的，而首都可是咱们全国人民的啊。所以，我觉得他们更应该注意自己的言行举止。

这次旅行让我觉得，旅行的快乐不仅仅是玩耍，更多的是畅游在知识的海洋中！小麻雀音乐合唱团唱出的美妙歌曲；北京大学的小路僻静而优雅；中国著名画家的画作与合影签名弥足珍贵；颐和园皇家园林的壮观秀丽……一路上走过多少大街小巷，又走过多少风景名胜！京城的风貌可以说是一览无遗！在许多的夜晚中，我们倾听黄梅戏、京剧、昆曲和来自奥地利的合唱，充分享受着艺术带给我们的快乐。还有国家图书馆和国家大剧院气势磅礴的样貌令人震撼，让我们叹为观止。虽然我们的旅程已经结束，但是首都特有的撼动人心，会永远铭记在我的心中！

这次旅程给予了我一次生活的精彩体验，让我的人生更增添了一份色彩！

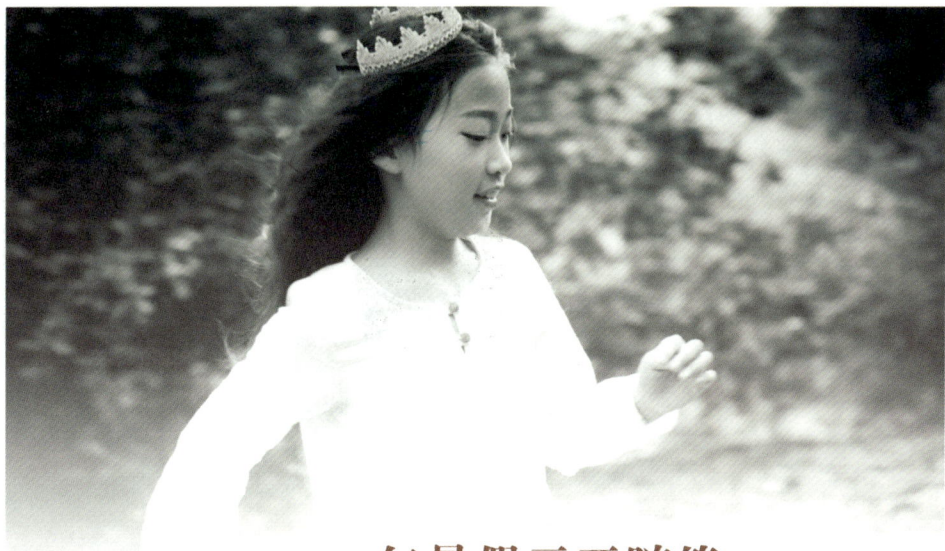

2015年暑假三亚随笔

8月8日　　星期六　　晴

天蓝色的彼岸

夕阳西下，火红的余晖，映着我的脸庞，变得莹润了些许。一把绿色的遮阳伞在头顶绚丽盛开，迎夕阳而去。抚去眼前美丽的景，尘世也只是一粒种子，尘埃落定。

登着步步阶梯，望着远远的大海。走进那海底餐厅，一丝清凉拭去额上的汗水，只觉清凉阵阵。湛蓝的水如同万里无云的天，嵌上颗颗鱼形的宝石，在空中游荡。那群鱼悦舞的景象，见了，更让人从心中升起羡慕之情。

每一条鱼都有自己的特色。正如那沉默的石斑，灰色的身体上，镶着点点白斑，却又有着掩饰不住的黯淡的美。它巨大的身形，就如中型鱼中的巨人，大型鱼中的小矮人。随着它的游动，水中的波浪，也带起了水面上的涟漪。

而那看似高冷的瑶鱼，在潜水员面前却是乖巧听话，一直跟随他移动。它有着完美的身形，犹如水中的飞人、滑翔机。它拖着一根细长的黑色尾巴，随身体的翻转而律动。而有时它又如一匹草原上的野马，同其他伙伴逍遥。

在山的那一方，我可曾与你相见；在命运的罗盘上，我们又可曾有过共同的一点。

岁月如梭，穿行在日月间，跌入无尽的轮回。学会珍惜，珍惜眼前的一切；学会宽容，宽容世上的万物；学会交流，与你对面的那个人交流。

人生苦短，勿妄为！

8月9日　　星期日　　晴

星波荡漾

漆黑的夜空，宛如你那头乌黑的发；闪闪的星，犹如你那碧色的秋波。

在这宁静的夜里，你那双如水的眸子里，露出天空中的星。池水荡漾，我身着鲜色的泳衣，静静倚在水里，沉默地安宁。弟弟挂着一头湿漉漉的黑发，眼中闪过一丝着急。而在这醉人的月色中，他还在克服着自己心头的恐惧。心中的那份恐惧，让他迟迟不敢将头埋下水去，学会游泳最基本的本领，解开束缚自身的枷锁。

我在水中看着你，你在克服自己的恐惧。正应了那句："你在桥上看风景，看风景的人在楼上看你，明月装饰了你的窗子，你装饰了别人的梦！"

若是有一副天晴，而你，依旧是你，如画的你。

你眼中的风景在桥下，而楼上人眼中的风景，便是那个桥上的你。明月装饰着你的梦，而你又何尝不在别人的梦里？

卞芝琳的《断章》寥寥数语，便描画了你的心。

微波在你身边漾着，水下的荧灯，如只只飞舞的萤火虫，有着纯洁透明的心灵。

不知何时，你在桥头与我擦肩而过，却未曾发现这道风景。

荼靡花，开时，你一如梦境中那般甜美，如水畔边的蔷薇。

玄色的瞳，闪着点点星光，宛若轻水湖边依依的杨柳垂丝如幻，绿叶如波。阵阵秋色如黄叶般凋零，彩虹即使再美，也终将逝去，幻化作泡影。

笙箫琴瑟，丝竹宫乐，无作！

8月10日　星期一　晴

海天一色

天的颜色，是蓝的，那颜色映蓝了海面，使得海天一色，无边无际。

广阔无垠的海，风吹，泛起千层浪。末了，化成白色的浪花，滚滚东逝。站在大海的边缘一角，任浪儿轻抚住我的脚，退去时，也便带上一层柔软的沙砾而去。

只见，海的那一头，几片云微微聚在一起，形成一条优美的弧线，只觉得那就如同白色的雪山，与海相连。望久了，还真不知是云，还是山！

弟弟的嘴边挂着一丝笑，泛起的浪，轻松地，便没过了他的膝盖。他看起来似乎有点沮丧，我问他："你怎么了？"

他回答："要是穿了泳裤，就能天不怕地不怕地玩了！"

唉，原来如此，这又有什么好纠结的呢？随性而至，与海天融为一体，尽情玩乐，不被俗念缠绕，岂不是更快乐？

一缕清纱在风中飞扬，在海边漫步的人也愈来愈多。一阵风，吹散了那抹凝聚的云，吹过黄昏，走向黑色的夜。

海风吹起天边的一角，露出一点星辰。那淡淡的光明，映在水中，勾起月

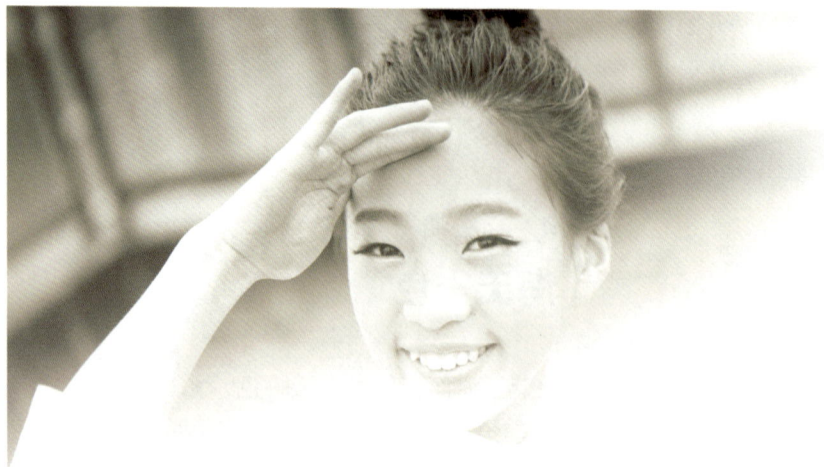

下的回忆。月影朦胧，只甘为星辰的点缀，失去了本色的光辉。

海色随天而变。天蓝，海蓝；天灰，海失色。

闪光灯在海浪中若隐若现，人们的身影，染黑了洁白的浪花，美好的一天也终将逝去。

海色朦胧，月影下夕阳；人影去，莫相忘！

8月11日　星期二　晴

风吹，千层，浪起

茫茫中，你走过，卷起了风，泛起了浪，点亮了海。一小时，两小时，三小时……天边，海平线逐渐隐没。我们，也终于走出了海，沙滩上，留下一个个深刻的脚印，烙在我的心底。

那时，天空还有夕阳的余晖，迟迟不肯散去。我们从泳池，刚起，水滴尚未干。我们抱着游泳圈和"大白"，来到微风轻抚的海边，让风掠过我的发梢，静静地听着海浪呼啸的声音。

脚尖刚触水，却又向回缩了缩，只因触到了那么一丝的热感。下了水，慢慢向海中心移了移，却感到那浪越来越猛了。我牵着小姨和弟弟的手，跃过千层浪，翻过那波澜壮阔。

点点的星光，正在缓缓升起，夕阳又在慢慢退去。朦胧的黑夜即将笼罩大地，而黑色中努力绽放的星光，试图把光明送给地上的人们。就这样，沉浸在层层浪中，听着阵阵海潮的声音，回应着天空中无数的"小眼睛"，看着闪闪的星，温情默默地对着荡漾的海，这样的画面，有着一种毫无违和感的美。

末了，走到矗立的冲凉柱旁，洗去潜水服里残留的沙砾，披着月光，踏着散发出泥土芬芳的草地，缓缓走回房间。不时抬头看着天上的星辰，回想着，白色的浪，映衬了蓝色的海；正如你的衣衫，只为了映衬你那洁白无瑕的脸。翻卷的浪，有如："乱石穿空，惊涛拍岸，卷起千堆雪。江山如画，一时多少豪杰。"又是别样的惊心动魄的美。

8月12日　　星期三　　晴~雨

呀喏达

"呀喏达！"一声声欢迎的语句，从电子导游器中传出，将我们领进那片彩色的热带雨林。

轻轻地捧起那抹山泉中的彩虹，洒向树梢，成为天空中最明丽的一幕。太阳，散着缕缕的光芒，却未曾知道，它的光辉正在逐渐被遮蔽。不久，一团烟云，遮住了迷蒙的阳光，降下丝丝甘甜的雨滴。然而，开始的渺小，并不能决定之后的渺茫，雨也是一样，由小至大，从天而降，整个雨林笼罩在滂沱大雨中。不过，值得庆幸的是，暴雨并没能持续太久，它仅仅狂奔一会儿后，就慢慢地退去。天空中又飘洒着朦朦细雨。

雨后，空气更加清新。我们

乘着观光车，漫步在小雨里，继续游览着这片神奇的雨林。一涧清泉，顺流而下，带走火辣的天气，放出朵朵鲜花，炫耀着盛开的美丽。黑桫椤，曾经与恐龙一起朝夕相伴。今日，却罕见地出现在这片热带雨林中。脚下这片土地，定是有过恐龙的足迹。为了衬托这树的珍贵、奇异，人们用水雾，扮雨而下，为树披上一丝清凉，也披上一丝神秘。

人们，你们可曾想过？人生就算盛开得再美丽，也终有一天会凋零。若把人生比作一朵花，花落时，那枝花便失去了色彩，与生命的绚丽。走过山清水秀，走过世间红尘，而这一切，都只不过是些过眼云烟罢了。春去秋来的茂盛，却遮住了岁月的变迁和黄昏下你的脸庞，只有经典方能永存！

细语声声春华展，笑脸盈盈总似欢。

8月13日　　星期四　　大雨~晴

阅　海

早晨，人刚起，就望向窗外。本以为，一如往日般，碧蓝如洗。可天却负了我意，送我片片乌云。

不久，雷声轰隆，大雨如期而至。庆幸自己此时，正端坐在采风阁，吃着美味的早餐，安心地欣赏着窗外被风刮得东倒西歪的树，和已经不能用如注来形容的雨。

海边的雨，不管多么猛烈，都只需要一会儿就结束了。我随着大家走出餐厅，抱着一本书走向海边。弟弟在激动地追逐洁白的浪，而我，却静静地站在海边看书。今时今日，沙滩上又竖起了红旗，管理员的哨声不断响起。因为，暴风雨过后，海面上掀起的浪不同往日的平静，层层呼啸而来。

这，可扫了弟弟的兴，他只好又回到沙滩，堆他的小山。我依旧立在风中，捧着书，享受着海风的清凉。海浪的咆哮，丝毫不能影响我，迎着风，在海边看书。

看到书中的某个情节，联想到此时此地，此情此景，我不禁想起了一句歌

词："寒风萧瑟青云边，泪湿衣襟马扬鞭……"

马蹄声逐渐远去，人们迎来了科技发达的现在。但这一切，是否又是在毁灭自己身边，那一道道秀丽的风景呢？

阅，是指阅读。而阅读，不仅仅是读书，还是阅人、阅景，阅过世间一切风华。我在海边，不仅是读书，也在阅海，探寻海的奥秘。

忘不了，忘不了这海；忘不了，忘不了这三亚的美。

人间的一切都是浮云，只有情感，才能亘古不变。

想想吧，一生阅人无数，究竟，是好是坏，是成是败？这些都不重要，重要的是，你在离去的时刻，是否对这世界的美好还存有一丝留恋。

生情，情末，情去，何生？

2015年8月14日　　星期五　　晴

离

层层的泪，遮住了我的眼；层层的霭，蒙住了我的心。宁让泪湿了衣襟，也不敢再回首一眼。

要问三亚的美，并不只水墨丹青，而为丹青难揭。朝夕相对着一望忘不了的海，离了，更是不舍。一粒朱砂退至了那海平线，绿树掩映着黄昏，好不华丽！

一幅幅美好的画面浮现在我的脑海里。海边的丝丝细沙，涌涌潮水，轻抚着我的脚，不亦乐乎；泳池里欢乐的笑脸，点缀着波光粼粼；草坪上优雅的舞姿，与相机融存；采风阁的儿童早餐，闪着点点童真，与个性。

美丽三亚，浪漫天涯。近乎每个酒店都有个"婚礼亭"，正应了这"浪漫"二字。可试想："一对恋人，坐在海边，享受着轻抚发梢的阵阵海风。无边的幻想却沿着沙滩伸展到海底，伸展到他们踏着红毯走向那婚礼的殿堂。"

别了，三亚；别了，如茵的绿草；别了，滚滚的潮汐；别了，欲飞的海鸥；别了，鲜活的梦。

静静地看着书，看似平静的外表下，却是满满盈眶的热流，一不小心，就会如潮般奔涌而出。渐渐地，我有些湿了眼，心中不知是何时，有了此地的位置。一只萤火虫飞过，托住了我落下的泪。

心潮澎湃中，衣湿，书润。

不见那座城，不见了那个人；不见了蓝天，不见了那如水的你。

倾城一笑，勾起，却又不堪那阵阵相思。

离……

2015国庆北京随笔

真 向 往

常常，常常，向往着一种生活，与世隔绝，闲云野鹤。

坐在火车上，倚窗，静静远望。只见落花无穷，绵绵一片。一间小木屋立在树荫下，花雨纷纷扬扬，抚过大地，匆匆离去。

只见，一位老翁，缓缓走向江边，拿着鱼杆，去江岸垂钓。绿草萌发着嫩绿的新芽，蛱蝶翩翩飞向花丛，孩童刚刚散学归来。此刻，天空已放上了纸鸢。

渐渐地，天暗了下来，夕阳西下，朵朵的火烧云在天空中，涌动，层层叠叠，秀出红红火火的浪儿来。

夜，深了。不见鸟语花香，只见夜空中繁星点点。罢了，漆黑的天，望不见边际，也没有城市的喧嚣。

我真的，真的很向往那样无忧无虑的生活。

2015.10.2

于Z50火车上

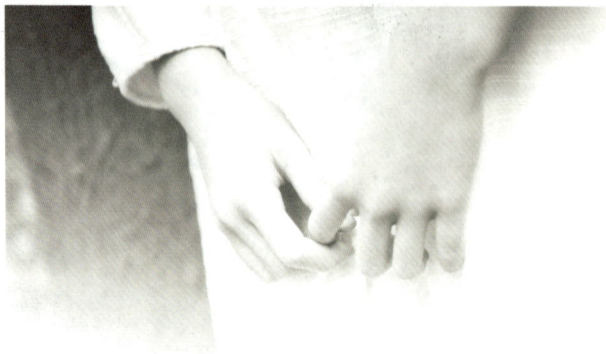

天凉好个秋

　　抱着一枕清风，再次涉足这座繁荣的城市——北京。

　　这里，曾有许多次我留下的足迹。而我，在这里，也曾拥有过许多光辉和荣耀。北京，在来之前，总觉得它是梦一般的城市，遥不可及；但来之后，体验过它的繁华，它又变得那么和蔼可亲。

　　度假村的柳条，舞动着婀娜的身姿，随清风徐徐摇曳。荷花石岸边，人们在垂钓，但所钓之物不是鱼，而是蟹。大家怀着轻松、愉快且欣喜的心情，钓上一只又一只的河蟹，最后，满载而归。

　　在这里，我见到了老朋友，也认识了新朋友。"中国电影博物馆"里，充满了小孩的议论声，与电影播放声。有些博物馆参观起来非常无聊，这里却很有乐趣，也长知识。百年电影的发展史，让我触摸到了电影的过去和未来，又莫名地伤感起来。

　　真是——

　　少年不识愁滋味，爱上层楼，爱上层楼，为赋新辞强说愁！

　　而今识尽愁滋味，欲说还休，欲说还休，却道天凉好个秋！

2015.10.3

于北京　蟹岛

荷 夜

走着走着，不知觉中，已悄然至了后海。

梦着梦着，在思念中，已蓦然过了黄昏。

樱花的想念，在无形中有形。荷叶的清涟，在幻想中实现。

一景盆栽之后，是你娇艳的脸颊；万重青山之上，是你耀人的舞姿。

过了夜，昙花，不再现；历了秋，花叶，不再落。

冥冥间，你的长发被秋风抚起，遮住笑颜。

默默里，你的手臂被柳条挽起，掠过河山。

犹如，花的明丽，水的清澈，荡起层层涟漪……

2015.10 .4

于北京　后海

梦想·路上

他们每天
都为自己的梦想而努力着
每天都在追寻梦想的路上
发生着许多好玩又有趣的事情
你想分享他们的快乐和烦恼吗

原创连载小说

乖，好不

第一章　瞧，这一家子

在那山的那边，海的那边，有这么可爱的一家子！

宝贝叫阿不，因为阿不遇到自己不喜欢、不开心、不乐意的事情，她就会偏着脑袋，拧着脖子，嘟着嘴巴，大声地说："啊——不！"

爸爸叫阿好，因为只要遇到阿不说"不"，或妈妈阿乖提出什么建议或要求的时候，他就会连连点头说："好！好！好！"

妈妈叫阿乖，并不是因为她很乖，而是因为她太聪明了，当她想哄阿不听她的话的时候，她就会笑眯眯地说："阿不乖！"当她想让阿好答应她的无理要求时，她也会笑眯眯地说："阿好乖！"所以，阿不和阿好经常上阿乖的当，阿乖其实一点都不乖！

哦，对了，他们家还有一个成员，一只超可爱的白色小狗，那可是阿不的超级萌宠。这只小狗初到阿不家时，他们准备为小狗取一个好听的名字，但是，想出来的名字都不可爱，没能全票通过。于是，他们决定召开一个家庭会议，为小狗命名。

在会议中，阿乖提了一个建议，她说："这样吧！我们每个人说一个字，最后，把三个字连起来，就是这只小小狗的名字，好吗？"

"好！"阿好首先投了赞同票。

"不！"而阿不听了阿好的话，就吃醋了，马上投了反对票。

"乖！"阿乖见阿不生气了，就准备安抚她。

可，就在这时，阿不一家突然觉悟了似的，同时异口同声地喊出来："好不乖！"

从此，这个可爱的小小狗的名字就诞生了，它叫好不乖。

阿不一家总是这样快乐不断，惊喜不断，因为，世上的一切，在他们眼中，总是那样美好！他们每个人都很平凡，但他们每个人都有自己最伟大的梦想。比如阿好，他虽然有一份很不错的稳定的工作，但却不务正业，很关心国际国内局势和金融投资问题，一心想拯救世界。比如阿乖，她的工作太辛苦，有时候连阿不都不能很好地照顾，所以她的梦想就是回家洗衣做饭，当全职太太。而阿不，和他们不一样，阿不很乖，她就想好好学习，最好能轻松地在玩乐中学习，最后还能考上北大，再转战哈佛。瞧，这一家子多可乐呀！

他们每天都为自己的梦想而努力着，每天都在追寻梦想的路上发生着许多好玩又有趣的事情，你想分享他们的快乐和烦恼吗？请跟我来……

第二章　重庆女人

平时阿乖总是嘴角向上一翘，像一条迷你小船；眼角带着整个眼睛向下轻轻地弯，像一对细细的月牙，笑眯眯，乐呵呵，神采奕奕的样子，好像挺温柔，挺和善的。可阿乖也有不为人知的一面，那就是，她发起火来，谁也别

想平息她心中的怒火，就像传说中的"重庆女人"那样。

阿不却经常挑战阿乖的底线，把阿乖瞬间变成一个"重庆女人"。她们的矛盾几乎都发生在吃饭和睡觉这两件事情上。

吃饭的时间到了，今天会不会又发生一场"餐桌上的战争"呢？阿不缓缓地走进餐厅，她吃饭的时候，最讨厌的就是，吃着吃着突然碗边出现一双筷子，然后，一棵菜或一块肉就稳稳地落在她的碗里。而阿乖却恰恰相反，生怕阿不不吃这个不吃那个，担心阿不长不高长不好，最喜欢擅自做主往阿不的碗里夹菜。于是，矛盾便由此而发生了。

此时，阿不正准备去夹自己喜欢的小油菜，等小油菜回到她碗里时，她却惊奇地发现，碗里不知什么时候莫名地多了一条小牛肉。阿不反应过来，肯定又是阿乖搞的鬼，于是她怒冲冲、气呼呼地说："哎呀！我不吃啦！"这时，阿好赶忙见缝插针地对阿不说："好、好、好，不吃，不吃哈！"还唱起了阿不最喜欢的童谣："偏食宝宝吃得慢，一粒米饭吃三天！"阿乖终于忍不住了，小宇宙彻底爆发般地说："你这样吃，怎么长得好嘛，你看人家都长得好高，你呢？"说完，气呼呼地走了。阿好见阿不的眼泪就要飙出来了，便好言好语地安慰道："没事儿，你妈妈是重庆人，说话本来就很大声的啦。"阿不嘟着嘴，心里默默地想：唉呀，我怎么遇到一个重庆女人当妈妈呀，脾气太火爆了。

第二天一大早，阿乖来到阿不的床边，想叫醒正在酣睡中的阿不。阿乖先轻轻地推推阿不，没有回应；她又悄悄地唤了两声："阿不，阿不，起床啦！"还是没有回应；阿乖有点儿着急了，这次她把刚才的两种方法结合起来，又推又喊，阿不依旧没有反应。这下，阿乖生气了，对着阿不怒吼一声："赶快起床啦！"此时的阿乖头上冒着火，头发竖得比天还高，两条柳眉仿佛是"门上吊刀刀倒吊"，斜得不成样子，眼睛则瞪得跟个鸡蛋似的，可怕极了。

就在这时啊，阿不醒了。她揉揉惺忪的睡眼，眯着眼睛看了看窗帘缝隙间透进来的一丝光芒，大大地伸了个懒腰，打着哈欠，慢条斯理、无可奈何地说："唉！我爸怎么会喜欢一个重庆女人呀！"

第三章　英雄联盟

说起阿乖的横行霸道，在阿不家中可谓是无人不知，无人不晓，也就是说阿乖已经是臭名昭著了。但她也不是随时都那么好过，有时阿不和阿好也会联合起来，捉弄聪明的阿乖，让她尝尝难受的滋味，到底是蜂蜜的香甜，还是巧克力的苦涩！

爷俩嘲笑阿乖的炮火主要集中在文化修养上。

有一天，阿不一家正坐在柔软的沙发上喝下午茶，时而抱起书本细细品读；时而，喝着三千年一开花，三千年一结果，三千块钱一斤的红茶金骏眉，一起聊天。

阿不正巧看完了一本书，在做读书笔记。忽然，阿不就像秀才考试，提笔忘字一样，居然忘记了"觉悟"的"觉"字怎么写。于是，她便向身边的阿乖和阿好发出求助信号："咳咳，请问'jue'悟的'jue'怎么写啊？"

阿乖积极回答："就是'觉得'的'觉'。"

阿不听后，一脸茫然。阿好则若无其事地答道："就是'睡觉'的'觉'！"阿不茅塞顿开，"哦，懂了！"她一脸欣喜地叫道。

阿乖见了气急败坏地用成都话说了阿好一句："站花儿！"（注：成都方言，表示高调、张扬）

阿不因为在做读书笔记而没听到阿乖说的话，于是她就去问阿好，说："刚刚妈妈说了什么呀？"阿好一脸无辜的神情，脱口而出："你妈妈说'惭愧'。"

不久以后，又发生了一件让阿乖更惭愧的事情。

阿不最近迷上了《三国演义》，常常手不释卷地读。阿好受了阿不的影响，也拿起《水浒传》开始重温。阿乖见家里两个"书虫"开始啃四大名著了，心里有些不平衡，暗暗嘀咕道："呵，他们俩都这么好学，我怎么能甘拜下风呢？我也要看。他俩一个看三国，一个看水浒。我不能看《西游记》吧，那也太幼稚了。这样，我看《红楼梦》吧。"

于是，她在当天的饭桌上郑重其事地准备宣布这件事："安静！安静！"

阿不和阿好本来就安静地在吃着饭，不知阿乖要干嘛。他俩面面相觑，放下手中的碗筷，目不转睛地盯着阿乖，听她想说什么。

阿乖得意洋洋地宣布："你们俩准备恭喜我吧，我也要开始看《红楼梦》了，你们就等着被我超越吧！"

阿不听了，低头思考了两秒，然后转头问阿好："你看的是《水浒》的原著吧？"

阿好吃了一口菜，漫不经心地回答道："那当然，肯定得看原著吧，那才原汁原味嘛！"

阿不点点说："嗯，我也看的是原著。"又转过头来很认真地对着阿乖说，"不过，我建议你啊，妈妈，你最好还是看'青少年无障碍阅读本'的《红楼梦》吧。原著嘛，怕你看不懂。"

阿好一口汤差点喷出来，阿不说完默默地低下头继续吃饭，阿乖此时早已羞得面红耳赤，那脸色简直跟关羽差不多，真是难得一见的奇观啊。

原创穿越小小说

我的时空之旅

引子

有一个名叫安娜的女孩，她拥有神奇的催眠术，可以通过自我催眠进入一个奇幻空间，在时空之间任意穿梭。无论过去，还是未来；无论是想见的人或想经历的事她都能一一实现。她为什么会有这么神奇的能力呢？她又穿越到了哪些时空，经历了哪些事情？让我们一起进入她的时空之旅吧。

第一章

我是安娜，今年10岁，生活在中国西南边陲一个美丽的城市——成都。我的爸爸是一位知识渊博的大学历史系教授，我的妈妈是一位心理学专家，尤其擅长催眠治疗法。而我呢，兴趣多多，琴棋书画样样都很喜欢，但最喜欢的还是研究历史和探索未来。我看过很多的历史书籍，林汉达和吴姐姐讲得尤为精彩，小鲁讲的世界史和中国史也还不错，但我最爱的还是历史系的教授老爸给我讲的那些历史片段和历史人物。他讲得津津有味，我听得意犹未尽。遇到我喜欢的历史故事和人物就会反复缠着爸爸讲，因此我对历史了如指掌。

爸爸讲的故事虽然很有趣，但远远不如妈妈给我讲的那些心理童话令我着迷。我的妈妈是一个非常了不起的心理学家，她最拿手的就是用催眠治疗法为前来求助的"病人"做心理治疗。催眠是一种古老的治疗方法，是一种舒服的状态，注意力集中，类似于经历了一场愉快的白日梦，驰骋在想象的世界里。在为患者治疗时，我的妈妈看上去像他们的白日梦向导，引领求助者进入白日梦世界，帮助他们解决自己心中的难题。拥有这么一个厉害的妈妈，在我的童年时期，从她那里听到了许许多多充满想象的心理童话。开始的时候，我只是觉得那些童话又好听又好玩，慢慢地，我发现，心理童话不仅能安慰心灵，而且，它还能让我安静下来，在想象的世界中遨游，甚至还能帮助我战胜恐惧、失落、紧张的情绪。这些都不足为奇，直到有一天，我突然发现自己拥有了自我催眠的能力，可以去到一个神秘的空间。在那里我可以去到任何一个我想去的时代，见到任何一个我想见到的人物。

第二章

那是一个夏日周末的午后，我来到自家花园的葡萄架下。那里有一把精致的白色躺椅，上面有一些雕花状的镂空图案，坐上去就能感受到一阵清凉。我本来准备躺在上面午休，但今天的感觉特别神奇，似乎进入了梦乡，身体沉沉地躺着，意识却特别清醒。我发现自己来到了一片茂密的森林，远处有一道绿光吸引了我，慢慢地，我走到一棵千年老树前，它的树干上有一个手印，从那个手印背后溢出一圈奇异的绿色光芒。我小心翼翼地靠近了些，伸出手，一点一点按在了那个手印上。奇怪的是手印的大小居然和我的手形完全相符。一秒钟，没有动静；两秒钟，还是没有动静。忽然，我转身一看，天边出现了一道彩色的云霞。随着它的逼近，我身边的树木开始飞速地旋转起来，呼呼的风在我耳边刮过。我紧闭着双眼不敢睁开。过了好一会儿，风声渐渐消逝，云

霞倏忽变换。我终于睁开双眼，发现自己站在一个庞大的书屋之中。这间房子里到处都是书、图片和光碟。天花板上，地板上，左墙上，右墙上，书的身影无处不在，屋里显得有些凌乱。

我走到一个书架前，随手拿起一本来看，瞅了瞅标题：《李清照词集》，李清照可是我最喜欢的女词人啊，要是我能见她一面该有多好呀！

当这个念头刚刚在我脑海中闪过，突然有股神秘的力量将我吸入了一个泛着蓝光的透明遂道。我很好奇，轻轻用手指一碰，本以为它会像泡沫一样碎裂，可它却像一个顽固的小精灵，没有破碎，只轻轻地跳动了一下。

过了不久，大长筒消失了，我发现自己正呆呆地站在一个房间里。不远处有一对夫妻模样的人正坐在那里，对词说句。环顾四周，摆设与装饰都很古老，有铜器，还有很多雕花状的物品，不太像现代的风格。再看看那对夫妻，女子眉清目秀，穿着淡绿色的罗裳，浅蓝色的上衣，沉静温柔。而那男子虽然穿戴朴素，却气度不凡，像一个很有学问的书生。

咦？难道我穿越了？这时，那边的两人也发现了我，女子走上前来，轻声问道："尔是谁？来自何方？"

我胆怯地小声答道："你好！我是安娜，从21世纪来的。这是哪里呀？"

女子疑惑地说："此乃大观二年，吾乃李易安，名清照。"并指着那男子说，"人者吾夫也。"

哇！哇！！哇！！！

我居然见到我的偶像李清照了耶！我太激动了，我居然穿越到了北宋时期，我不是在做梦吧？我使劲傻笑着，恨不得掐自己一下。

李清照看着我说："你认识我？"

我兴奋地回答："当然。我们21世纪的人都认识你。你可是大名鼎鼎的易安居士呀！我最喜欢你的《醉花阴》，太美了！"李清照也很高兴，拉着我的手说："那不如这样吧，我现场作词一首赠与你。"

于是，她缓缓走到书桌前，举起毛笔，蘸饱墨汁，提笔落字，写道：

好事近

风定落花深，帘外拥红堆雪。长记海棠开后，正伤春时节。

洒阑歌罢玉尊空，青缸暗明灭。魂梦不堪幽怨，更一声啼鴂。

我捧起那张宣纸，如获至宝，手舞足蹈。突然，我醒转过来，发现自己还是躺在白色躺椅上。我立即翻身坐起，左看看，右看看，李清照写给我的词呢？我使劲回忆，一切都历历在目，可又像梦一样遥远。这难道真的是一场梦？

国学·浸润

乐在其中
因为酷爱国学
也热爱即兴创作古体诗
虽然这些诗都没有格律的讲究
只能算打油级别
但乐在其中的认真和热情时时感染着我们

灯 梅

花形灯儿天板明，
白里紫红栩如生。
腊梅花儿随风落，
燕子归时花又开。

写作背景：

  周末的早上，兜儿睡到自然醒，赖在床上不肯起来，拖着妈妈玩游戏。先是成语接龙，然后是背古诗，突然她盯着卧室屋顶的那盏梅花灯说："妈妈，我来作首诗吧！"于是就自己在那儿一句一句念了出来。妈妈听了，眼睛一亮，虽然不懂她的诗是否符合各种格律什么的，但是觉得她的这份热情和兴趣值得鼓励。便怂恿她马上发到微博上去，她用手机一字一句地打了上去。于是，妈妈眼中这首完美的诗作《灯梅》诞生了！她的第一首原创古体诗，为兜儿记录于此！

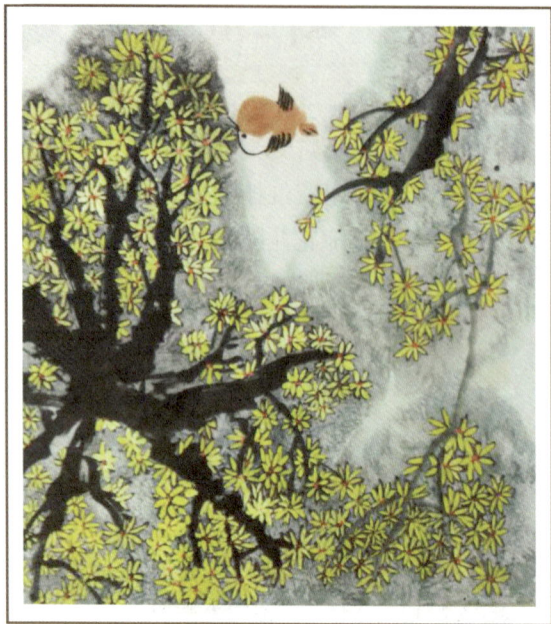

雨　夜

夜雨落下三分泪，
百花低垂随雨绘。
泣却不得宠儿归，
日思夜想难入睡。

写作背景：

　　寒假期间，兜儿去花市和宠物店买回了许多花和宠物（两只白色的虎皮鹦鹉和一只荷兰猪）。但开学后不久，因为家里没人，挂在阳台上的鸟笼被小区的猫打翻，两只鹦鹉飞走了。荷兰猪也因为饮食原因不在了。小兜伤心了很久。在第一场春雨落下的那个夜晚，入睡前吟出了此诗，充满悲伤。

月 出

明月初出小湖中，
微波潋潋影朦胧。
净月相照心事重，
碧水轻荡四面同。

写作背景：

　　今年4月，带着兜儿去丽江泸沽湖游玩，旅途中美景无限，夜晚在泸沽湖畔看日落月出，白天乘船前往里务比岛。途中兜儿都即兴写了许多小诗，创作热情爆了棚。

　　泸沽湖的月亮又圆又大。我们在那里住了三天，每晚看月出东山。清清楚楚的黄黄的月亮，从山后缓缓升起，带给人不明所以的震撼。所有看到的游客，都在喊，月亮出来啦！观此美景，兜儿即兴作打油诗《月出》。

大 浪

伫倚危楼风细细，
憔悴山峦盈盈绿。
大浪滔天仍游弋，
便是常人还愿处。

写作背景：

泸沽湖湖心有几个岛，其中里务比岛有座小庙，乘船上岛，风浪很大，惊险无比。兜儿回客栈后作打油诗《大浪》笑赠爸爸妈妈。

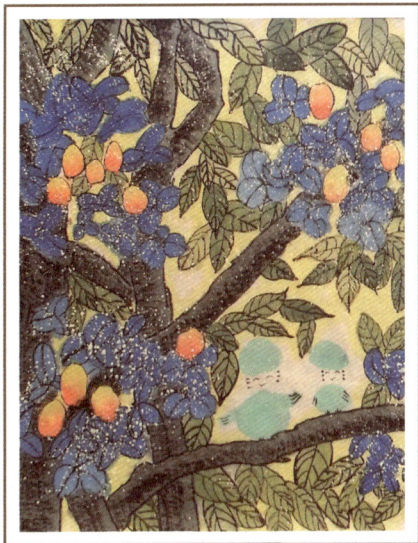

雨会清秋

清秋细雨绵绵意，
飞绒团丝满天地。
柳眉淡语盈盈去，
秋之会意落日稀。

写作背景：

　　2014年11月11日，周二晚。兜儿国画课回来，已经20点40分了，又继续完成甘老师布置的作文，整整写了五篇作文纸，时间已经过了21点半。她又申请了10分钟，兴致勃勃地去设计了自己即将开始的小说的封面，迟迟不愿去洗漱睡觉。再三催促下，终于睡下。却睁着眼睛，兴奋地拖着兜妈聊天，迟迟不肯入睡。聊着聊着，突然说，我好久没写诗了，不然我写一首吧，写完就睡。于是，恳求兜妈去拿来纸笔，她自己躺着，口述着，让记录下来。终于，折腾完毕，沉沉睡去。

相思念

冥冥之间我与你相见，繁花春水见证的誓言。

梦，圆了，又缺；缺了，又圆。

窗前的身影，浮现在眼前。

相思念，与归！

手中的花儿，轻轻摇曳，思量间错过你的心田。

故绝决，相思念！

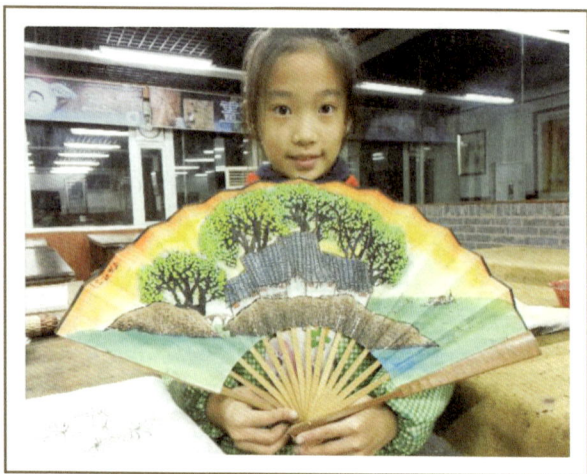

写作背景：

　　兜儿看了《风中奇缘》，在学校突发奇想，写了一首这样的词，还准备谱上曲调，看能否成为一首完整的歌曲！

湖 畔

万里无云一点晴，
碧波微荡浪独清。
百合正放傲纤指，
湖畔鸳鸯嬉戏情。

写作背景：

　　此诗是兜儿为爸爸妈妈第17个结婚纪念日所作。她用了两个月时间，画了一幅重彩《依依情》，并配作了这首诗《湖畔》作为礼物送给爸爸妈妈，蕴含着她对父母深深的爱和浓浓的祝福。

让孩子在国学的
浸润中看见人性的底色

　　曾经，有人问我，如果只允许你为孩子选择一样课外学习科目，你会选什么？我的回答是：国学！幼儿养性，童蒙养正，少年养志，中年养德，老年养福！而这一切，我相信只有让孩子从小通过修习传统文化，才能逐一实现。所以，在她人生中如果只需要我引领一次的话，我会将她送入国学的殿堂，在那里浸润，才能让她看见人性的底色，才能成就她一生的幸福。

　　成长虽然是一件美好的事情，但是它也有一种悲凉，因为我们所处的社会正越来越多地失去常识。我们越来越追求拥有高精尖的知识，却常常失守了底线。我们越来越重视孩子的教育，却经常迷失在寻找的路上。好的教育最重要的是一种气场，让孩子在这个气场里受到熏陶和感染，让孩子在这个气场中激活关于美好的所有感受。兜儿八岁开始就进入博达国学课堂学习，无论从办学的理念到各种细节，还是强大的优秀师资力量，这里都能给予孩子生命的逻辑起点，让人有所信任。因为关于人性的那种基本的美好可以在这里受到鼓励，因为所有孩子玲珑的天真可以在这里受到尊重，因为奠定孩子一生的大格局和大气象可以在这里得到拓展。

　　读万卷书，不如行万里路。行万里路，不如名师指路。名师魅力可以引领求学之路，他们不仅学识渊博，有着高超的传道解惑授业的能力，还拥有极强的人格魅力，在讲解和传输知识的同时，鼓励和保护孩子明亮天真的内心，并不断为他们打开崭新的世界，让孩子们满怀热情地行走在学习的路上。在博达，兜儿低段学习师从张荷熙老师，张老师深谙儿童心理，课堂氛围风趣幽默，牢牢地抓住这些低段入门弟子的耳朵。毛毛尤为喜欢和崇拜。转入高段，又师从揭晓兮老师，吟诗诵词，唱经读史，涉猎范围之广，知识覆盖面之宽，领略的都是经典之作，收获的全是传世之义。经过这样的浸润，兜儿在写作上从来没让我们费过心，从二年级的写话到四年级的作文，一直都水到渠成般地自然流畅。甚至令人惊喜的是，她的作文经常会得到很多老师的赞赏，不约而同的评价是"在朴实无华的文字中闪耀着大爱的光芒"。其实她的文章还很稚嫩，也无技巧可言，但她屡屡能在作文比赛中获得好成绩的原因应该就是能给人以温暖的这种力量。而这种悲天悯人的情怀只能通过国学的修为才会拥有，才更注重孩子内心的修炼和品格的养成。在功利的当下，也只有国学的学习真正做到了既重视内心里的慈悲，也不忽略脑子中的智商，使孩子实现素养与分数双赢的格局。

"一历耳根，永为道种。"当我们看到兜儿摇头晃脑作老师状在家里为我们讲授李清照的《醉花阴》时；当我们听到兜儿一本正经地以"我不欲人之加诸我也，吾亦欲无加诸人"诉求尊重和平等时；当我们发现兜儿在浩瀚书海中为自己选取《史记》《诗经》《左传》这样的原著读本时；当我们感到兜儿内心充满爱和慈悲。并对生活满怀热爱时，我们知道一粒浸润在国学沃壤里的种子正在悄悄地生根、发芽，静静地绽放出美好的花。

毛弈羽妈妈

记录于2014年9月18日

在爱的目光中飞翔

你是一片羽毛
一片有着独特魅力的羽毛
岁月初起，你已光华夺目
而你是一个孩子
一个有着童真与奇趣的孩子
未及豆蔻，你便文思如涌
你是羽，毛弈羽

父母寄语

这是一个偶然！在你即将小学毕业之际，我们一起整理六年以来收藏的点点滴滴。在纷繁复杂的各种照片、奖状和资料中，那些记录着从你二年级写话开始以来的文字，唤起我们许多美好的回忆。心底的感动渐渐形成一个念头，那就是把你所有的文字汇集成册，作为毕业礼物送给你，是我们能想到的最好的纪念方式。

这是一个必然！当你从一个握着笔歪歪扭扭写下自己心里话的小女孩，成长为可以用笔写出对这个世界的热爱和思考的少年作家。除了你自己的努力勤奋，喜欢阅读，笔耕不辍，更是由于你的幸运，能在求学路上与多位良师结缘，引领你进入文学的世界。

感谢班主任语文老师甘艺琳，为你打造了一片肥沃厚实的土壤，让你的文学梦生根发芽！

感谢国学揭晓兮和张荷熙两位导师，为你铺垫了一条通往经典的路，让你的文学梦茁壮成长！

感谢趣理作文创始人冯裕敏老师，为你打开了一扇精彩纷呈的窗，让你的文学梦枝繁叶茂！

感谢童老教育童启福老师，为你开启了一个充满魔力的花园，让你的文学梦开花结果！

　　感谢"为学杯"全国中小学生创新作文大赛组委会，给予你一片梦想的天空，为你的文学梦插上翅膀，自由飞翔！

　　这是一份礼物！在我们眼中，你还只是一粒小小的草籽儿，刚刚开始抽出嫩绿的芽。可我们也已经看到你生命中开始绽放的精彩，那就是透过你稚嫩的文字表达出的，对这个大千世界的观察与感悟、思考与爱。我们都知道，小草的生命力是最顽强的，哪怕草籽儿被压在巨石之下，它也会顶开巨石，或者从巨石的缝隙中钻出来，绽放出生命的绿。诗人也曾赞美过：野火烧不尽，春风吹又生。这些文字虽还稚嫩，但是结以成集，足以记录下你的成长和我们对你的爱！

生命的光芒

——爸爸的话

宇宙无边无际。

地球是其中的一个微粒。

地球上以前没有生命。

后来有了。

再后来有了人。

人生命的开始，不是自己的主意。是父母决定了要你。

人会生老病死，每个人最终都会死去。生命会延续，也会消逝，只有宇宙永恒存在。

人的生命只有几十年。如何度过这几十年，并不完全由你自己掌控，你只能尽力而为。

在这短短的几十年中，每个人都会散发出自己生命的光芒，或强，或弱。

强弱不是最重要的，重要的是你为谁、为什么，而努力放射出你生命的光芒。这一点很重要，永远不要忘记。

你要善待自己和他人的生命，尽你自己的努力，让你生命的光芒，尽可能多地温暖这个世界。

从你自己身边做起。家庭、邻里、学校，将来是社会……

有可能的话，光芒不止于人类。

这是你生命的意义。

生命光芒的强弱，有与生俱来的部分，更跟你的努力相关。

你目前的学习，是你生命光芒的重要基础。强弱，与此相关。

学习，是一生的事儿，知识是没有尽头的，正如宇宙无边无际。

努力比结果重要。结果不一定可控，努力则在自己。

尽力，就好。

从现在起，放射出你生命的光芒。

2010年9月写于兜儿入学之际

获奖之后的思考

——妈妈的话

　　这几天一直在思考一些长期纠结着找不到答案的问题，想借这个机会看能不能整理出一条比较清晰的思路。于是，就有了以下这篇自说自话的东西，一篇写给自己看的备忘录，一篇用于我以后彷徨犹豫的时候拿出来提醒自己的警示录，一篇女儿成长过程中作为母亲的反思录。等等吧，反正就是自我反思和剖析，以及经过梳理后属于现阶段的一些认识，统统记录于此。

　　接到冯老的电话时，我觉得是意外大于惊喜。因为初赛获奖后，知道兜儿进入了复赛，但不知道具体比赛的时间是多久，又忙着去云南的事儿，几乎忘了还有这么个比赛。在云南途中，接到甘老师通知，4月20日早上8点参加全省复赛，但是还需要自制准考证等一系列准备工作。因为我们是19号很晚的飞机回成都，心里就有点打退堂鼓，掂量着不然这次就放弃算了。甘老师建议还是让兜儿一定要参加，因为机会很难得，于是前期的准备工作包括准考证的制作和学校手续的履行程序都是在甘老师和同学黄昕瑶的大力帮助下完成的。回程的飞机也不给力，居然延误，20日凌晨1点过才回到家中，收拾停当让兜儿睡下也快2点了。想到明天一早的比赛，心里又开始踌躇，"不然就算了"这样的念头反复升起。早上7点，虎妈本色又占了上风，准时叫醒兜儿，不想她还挺配合，一叫就起，洗漱早餐很快搞定，火速跑到学校门卫拿到准考证，拦下一辆出租车（因为实在太累，也懒得去找考场以及考场周边的停车位），要求司机8点半前一定要赶到温江的七中实验学校，司机大哥头也不回地说："不打表哈，清早八晨的，就给80元钱嘛！"同意，成交。此时，车外下起了瓢泼大雨。暗自庆幸，打车是明智的。快到七中实验学校的时候，路上已经堵起了好长一段，再次庆幸自己的英明决定，不用到处寻找停车场，还能在学校门口就近下车，真好。雨太大，伞基本没用，趟着水，排队签完到，顺利将兜儿送入考场。和其他家长一起前往报告厅听讲座。坐在那儿，觉得好累，眼睛睁不开，闭目养会儿神吧，耳旁全是家长们相互攀谈的嗡嗡声。过了好久，回过神来，拿出手机一看，十几个未接来电，什么情况？全是朵儿妈打的，直觉告诉我她肯定在这儿。果不然，电话一接通，她从我身后两排的地方站了起来。朵儿和兜儿是发小儿，朵儿妈和兜儿妈是在育儿方面有很多共同语言的知音。但平时大家都忙，碰面的机会很少，经常是抱着电话疏解彼此的教育困惑。像这样从天而降的见面畅聊的机会，对我们都是很奢侈的事情。感叹有缘的同时，相互打趣称儿来参加比赛是顺带的，主要是为了配合我们今天的见面。两个妈天南地北地聊得火热，直到报告厅的工作人员准备关门送客了，我俩才意犹未尽起身去考场接孩子们。两个好久不见的小家伙出来了，搂在一起亲密得不得了。随着人群往外走，一路看到好多省内市外的学生是包车前来的，不断猜测他们是昨天来的成都，还是今天一大早就从外地出发赶过来的？和朵儿妈不停地感叹，真不容易啊！又联想到自己，还没从旅途的劳顿中缓过气来，就把仅仅只睡了几个小时的孩子从被窝里拖起来，冒着大雨跑这么远来比赛，更是感触良多。其实

从我们内心来讲，没有期望孩子要得个什么奖，但又觉得她们如果错过这么一次长见识的机会也挺遗憾的。我们都是更看重过程的人，参与就是一种历练与成长，至于结果已经不重要了。一路上，孩子们沉浸在她们自己的世界里嘻嘻哈哈，我们也继续着刚才没聊完的话题，都很默契地没去关心地询问孩子们考得怎样呀，考的是什么题目呀这一类问题。然后带着孩子们去美美地享受了一顿惬意的午餐后，依依不舍地告别。当时的感觉即使现在回想起来，我们就像一群去打酱油的人，施施然地去又施施然地回了，一切都那么不真实。

这么详细地回忆整个参赛过程，其实想说明一点：我不是一个合格的妈妈。在兜儿的成长中，我一直都是这样摇摆不定地前行着，上面那个场景中反复纠结的过程就是最真实的缩影。有时很坚持，有时又想放弃，内心始终纠结着如何寻找一个既能让孩子拥有一个快乐童年，又可以充分适应当前教育体制下应试学习的平衡点。但适应节奏的脚步永远追不上政策变化的翅膀，想要给孩子营造一个素质教育的空间，却始终被束缚于应试教育的现实中无法动弹。就这样，在这条没有标准答案的路上跌跌撞撞地走了四年，虽然对孩子从来没有过学习上的名次、分数及成绩的要求，但也从来没有放松过对她学习习惯、学习态度的养成。所以，由于我的意志不够坚定，目标不够明确，不停地在虎妈和羊妈的角色中转换，女儿并没有成长为一个传统意义上的牛娃。就这样，无惊无险、不惊不诧地即将迎来小学高段，如何应对小升初的问题也随之而来，避无可避，怀揣素质教育理想的妈更纠结、更徘徊了，到底什么才是最重要的？

单从语文学习的角度来说，兜儿算不上一个勤奋刻苦的孩子。首先阅读量不够大，阅读速度也不理想，其次她还远没有养成手不释卷的好习惯。虽然她

的作文经常会得到来自老师们的肯定，可在喜欢华丽文章的我看来，她的作文还存在用词不够优美、语境不够雅致、立意不够高远等不足。当然这样的腹诽她是永远不会知道的，我每次都是给予了她最高的赞赏，充当着她永远的粉丝。可是，当我看到她回忆着把这次获奖的作文写出来的时候，我改变了看法，反思自己可能确实还不了解孩子，也不了解自己到底想要给她什么样的教育，于是有了冲动想写点什么来谈谈关于她的这次获奖。

获奖无疑是开心的，但写这篇并不是想表达她获得的这个奖有多了不起，其实仅仅是碰巧命题可能是她比较擅长的一类而已，充分发挥了自己的写作优势，运气好得了个奖。所以这个奖再平凡不过，它远没有当下热门的华奥赛奖项含金量高。我想表达的是，从她的这篇文字里，我看到了她成长背后的一些东西，一些可能会被我们经常忽略的东西，也许正是因为这样的不被我们所关注的东西最终可能成就孩子的一切。那就是悲天悯人的人文精神以及善良单纯的内心世界。体现在文字上，就是深度和温度。我对兜儿说：“你的这篇文字感动了妈妈，真的很棒！”这次赞扬是由衷的，文章一如既往的兜式风格，语言非常朴实无华，没有多少华丽词藻，但是字里行间所流露的爱却无所不在。是的，透过这篇文章，我看到了女儿的世界是充满爱的，这个发现令我涕泪纵横。是的，于教育而言，获奖肯定是重要的，考试能得高分肯定是重要的，将来能就读重点中学大学也肯定是重要的，但这一瞬间，我觉得自己拥有一个充满爱心的女儿无比重要。

虽然处在令人不能畅快呼吸的应试教育体制内，虽然摊上了一个大大咧咧不称职的妈，但兜儿仍然能健康地成长为一个内心柔软、感情细腻的女孩，完全得益于她在学习生涯中遇到了很多优秀的好老师。他们爱孩子，更拥有非常先进的教育理念和教育方法，他们重视孩子的学习成绩，更重视如何培育孩子的品格和人文情怀。他们都坚持一点：无论孩子是在看书、玩耍，还是在自然中疯跑、游戏，不要总去探究他从中学习到了什么，在这个过程中的体验、经历、开阔的眼界，都是用眼睛看不到的，更是无价的。兜儿是幸运的，我也是幸运的，虽然无力改变教育的大环境，但在这些老师这儿总能掀开素质教育的一角，看到一丝光明，为孩子的童年留下一些美好的回忆。尤其是语文学习道路上的几位老师，对兜儿的引领和影响非常大。

甘艺琳老师，兜儿的班主任兼语文老师。重视阅读，重视孩子非智力因素的培养和发展，力所能及地在自己的教学中践行素质教育的好老师。冬天下雪了，带孩子们去学校附近积上雪的地方玩雪；春天的语文课上，把孩子们从教室里放出去寻找校园里的春姑娘；秋天的周末，和孩子们一起去万紫千红的山林里找寻那片最红的红叶；炎热的夏天里，和孩子们一起趴在校园的草坪上等待阳光通过放大镜的聚集点燃纸张的一瞬间。四年里，这样的画面数不胜数，如果你的孩子拥有这样一位语文老师，在这样的学习环境中浸润和熏陶，是一件多么幸运的事情！当然，前提是你从心里认同成长比成功重要！

冯裕敏老师，兜儿的三省堂趣理作文班老师。当初慕名而去，是因为冯老师在成都名气很大，教学经验丰富，弟子们在各大比赛中获奖无数。但去了后发现冯老师更牛的地方在于她的课堂氛围及教学方式得到了孩子们的高度认同。课外的学习通常都是被孩子们排斥和反感的，但冯老师的课却能让孩子们自愿地、专注地投入，很不寻常。原来冯老师通过各种游戏或场景模拟，让孩子们置身其中去真实体验、去感受，然后再有针对性地进行专业点拨和引导孩子自由表达抒发，最后都能痛快地写出洋洋洒洒的真情实感。在这样的反复练习下，孩子们的文章自然有血有肉，活灵活现。冯老师令人佩服的还有她从事公益活动的热情，在百忙之中参与名师点评团活动以及各种公益讲座，致力于各种方式向家长和学生传授作文技巧，堪称德艺双馨。

张冠君老师，兜儿的三省堂作文点评老师和忘年交朋友。其实说忘年交有点夸大其词，张老师年纪很小，应该大学毕业不久，有才

华，有激情，尤其是他的作文麻辣点评风格深得孩子们的欢心，同时也秒杀了众多的爸妈。他和冯老师是黄金搭档，一个教得好，一个评得妙，相得益彰，让孩子们的课外学习充满了乐趣和生机。张老师古诗词造诣也很高，兜儿常去讨教一二，在家经常吟诗作词，虽然是打油级别的，但显然是受到了正面的鼓励和引导。

还有一位很重要的导师，博达国学的张荷熙老师。很遗憾，这里没有兜儿与荷熙老师的合影。国学是兜儿的最爱，她是两年前八岁多的时候师从张荷熙老师，吟诗诵词，唱经读史，涉猎范围之广，知识覆盖面之宽，领略的都是经典之作，收获的全是传世之义。国学确实是一门博大精深的学问，它的存在确实彰显出素质教育之本，孩子在这样传统的正向的教学气场下熏陶，可以看见人性之底色，真正明白做人的道理，处世的学问以及学习的智慧。张荷熙老师深谙儿童心理，课堂氛围风趣幽默，牢牢地抓住这些低段入门弟子的耳朵。兜儿尤为喜欢和崇拜，因为张荷熙老师和兜儿爸都是川大汉语言学专业出来的前后辈，兜儿经常拿课上的内容考验爸爸，有时候会遇到爸爸张口结舌答不上来时，兜儿就会很不屑地嘲笑：你不如你师妹呀！

通过这些片段，可以看出优秀的老师们都共同具备了一些特质：他们都是很纯粹的人，他们都不唯应试而施教，他们都有一颗爱心和童心，他们都是蹲下来和孩子交流的，他们更重视孩子的综合素质和长远发展。

那么，我到底希望兜儿拥有一个什么样的未来，似乎也有了答案！值得庆幸的是，在这条路上，并不孤单，有这么多的好老师陪伴。还有一些志同道合的妈咪友们携手前进，朵儿妈就是其中一位有着相同理念的牛妈，朵儿在这次比赛中也取得了好成绩进入了决赛。两个妈已经开始畅想如何借此机会让孩子们来个北京深度游，另类而特别的攻略已经在制定中。这，就是不务正业妈妈的本色。

好吧，我们北京见！

2014年5月

为梦而生

甘艺琳

捧起《纳兰容若词传》，那个孩子清晰而模糊。他骑着竹马，边跑边跳，跑出庭院，跑过时间，跳出书页，直奔我而来……

你就是那个骑竹马的孩子？

那时，妈妈牵着你的手走上舞台，你怯生生的，就像妈妈的影子。然而，当你再次独自登上这个舞台，穿着蓝色天鹅服登上这个舞台的时候，我才惊诧于你的蜕变，你正如美丽的蓝天鹅，抖擞着日渐丰满的羽翼，振翅欲飞。

是的，你在飞，飞临最深厚的国粹宝典，飞摘"非凡少年"的桂冠，飞往最神圣的殿堂，更飞向梦开始的地方……哦，你是为梦而生的精灵！

那个骑着竹马的孩子，跑着跳着，跑出教室，跑出校门，跑向远方……

于是，你开始编织梦的花环，用你那淳朴善良的花朵，用你那多彩生活的缨络。在《没有月亮的中秋节》，你采撷了那朵最淡最雅的花儿，轻轻絮语，细细把玩。你把花儿插到盲老人的心间，瞬间花香四溢，《他的一天》都万紫千红，都莺歌燕舞。你和小草小河拟定《我们的约定》，你把花儿裁成生命的叶，飘落进小草丛中，荡漾在小河水中，小草立刻换上崭新的绿衣，小鱼立刻展露迷人的笑颜。但你陷入了沉思，《昨晚，我在想……》，花开是美丽的，花落却如此悲伤，世界上为什么会有生命的轮回？

你就是那个骑竹马的孩子，你跑来跳去，你跑进艳丽的生活，你跑进生命的真谛……

无论怎样，你是多彩的蝴蝶，你是生动的乐章。你喜欢吮吸午后书卷坠落的阳光，你喜欢触碰浅海小虾小蟹的根须；你喜欢咿咿呀呀地清唱难懂的《苏三起解》，你喜欢勾描黄鹂、朱雀、绿树红花；你喜欢躺在爸爸怀里放纵，你喜欢倚在妈妈身旁聆听……

你应该就是那个孩子，你东跑西跳，跑向无限大的舞台，跑向难以造访的明日之屋……

（备注:本文作者系毛弈羽学校班主任兼语文老师）

你是一片羽毛

何寄托

你是一片羽毛，

一片有着独特魅力的羽毛。

岁月初起，你已光华夺目。

而你是一个孩子，

一个有着童真与奇趣的孩子，

未及豆蔻，你便文思如涌。

你是羽，毛弈羽。

羽本就有她的美，轻盈脱俗，

随风而起，皓白如云，明亮清丽。

羿乃国之重器，文化之轴，润物无声。

然羿若无羽，便无用武之地。

而羽若有不足，便难有其真正的辉煌。

当羽经历了时间的打磨，

拥有爱与智慧的沉淀，她终将会成为羿之羽。

羿有了翅膀，他的生命就有新的方向与高度，

巍峨雄壮，开山射日，气势如虹。

羽成了羿的一部分，

她的生命也会领略新的高度与广度，

奇俊高山，蓝天白云。

羿之羽亦是塑之羽。

羿是文学，

羽是毛弈羽。

你是一片羽毛，

一片有着独特魅力的羽毛。

（备注：本文作者系三省堂托福班数学老师）

可爱的人儿

天山童老

天气似乎暖和了一些，窗外的树叶一动不动，耳朵里不时传来飞机轰鸣的声音，啁啾的鸟儿断续对话，让人倍感亲切。

此刻，我坐在电脑前回忆这个可爱的人儿的点点滴滴，就像与鸟儿对话一样，时而清晰，时而模糊。

我欣赏才女，她是我最为欣赏的才女之一。

第一次在颁奖典礼现场发言时认识了她。那时正值热天，我是主持人，会场气氛热烈。她上场了：素色衣服，文静模样，舒缓深情，那般镇静，那般文采。仿佛一只百灵鸟在树丛中鸣叫，你却不知道它在何处，又如一阵凉风拂过面颊，你却不知它来自何方。

第一次从冯裕敏老师口中了解了她。今年5月，要向"为学杯"推荐"少年作家"候选人，我把这个消息在电话里告诉冯老师时，"那就首推毛弈羽，人家连续两年是几项全国作文大赛的一等奖！"电话那端的回答几乎是不假思索、不容置疑地脱口而出。

第一次走进我的培训班时读懂了她。偌大一个教室，她选择了中间靠左边的第二排靠右的位置，即使是强力鼓风机也无法吹走7月天气里60多个孩子身上的热气。连续一个半小时，她一直端坐：手放桌上，双脚并拢；大黑珍珠在眼眶里不停转动，瓜子脸上的嘴角不时上翘。

在北京，每次见面，总能听到孩子们甜甜的问候，她的问候与众不同：远处听

到一声问好，近处真人出现补上一声问好，然后飘然而去。

在三省堂托福班，我见证了她的进步。拙文《可爱的托福班》是这样述说的：

九个孩子，两支队伍，这就是史上最可爱的托福班。

托福班的前身叫小升初半日制班，上午在各自的学校上课，下午到三省堂的明远楼会合，数学两个半小时，语文一个半小时，强化基础，强攻奥数，强调习惯。

为何叫托福班呢？有一好事者，发现了一个鲜为人知的秘密：数学老师何寄托名字中有一个托，语文老师童启福名字中有一个福，一托一福，不如就叫"托福"。托福班至今断断续续上了25堂课，闭目沉思，猛然间冒出八个字：堂堂可爱，人人可爱。

气吞山河的口号可爱。巍巍泰山霹雳响，徐徐温风七彩光，呐喊者是罗浩玮、徐玉洁、温馨、张瑞琪；祥瑞天山遗憾去，土豆甲鱼毛毛雨，呼叫者是罗瑞、杨轶涵、曹可青、牟雨佳、毛弈羽。

托福班的娃娃中午养成了午眠习惯，习惯了见到老师打招呼握手，习惯了戒掉零食只喝水，习惯了作业不过关留下闭目思过，习惯了举左手，习惯了回家看30分钟名著后给家长分享片段，习惯了每天都要记忆背诵和听写。太多的习惯就在这20多天慢慢养成了，你没有感觉到可爱吗?

个性鲜明、进步飞速的娃娃可爱。罗浩玮坐姿挺直了，笔记速度快多了；温馨头正不再沉默，足安不再颤动；来自西昌的玉洁与团队融为一体，总是第

一个午休，总是书写工整，总是上台分享小练笔；左将军回答问题总是左手要挥舞，脖子上的青筋突出；小土豆曹可青反应快、眼睛尖、耳朵灵；甲鱼不论何时总是一句话常挂嘴边：报告童老师，天山队二号牟雨佳回答问题。总是向两位老师传递信息，何老师，童老师说你爱吃"火鸡腿"，童老师，何老师说你叫"童圆弧"；杨轶涵朗读时始终要比女生慢一拍，总是要在句中停歇；新同学罗瑞犹如一把盐，不着痕迹的融化在天山，犹如一缕风，悄无声息地逐渐缩短差距。

细心的朋友可能发现我漏掉了一个叫毛毛雨的娃娃吧？

毛毛雨叫毛弈羽，老爸姓毛，老妈姓廖，廖中有一羽故名为毛弈羽。可爱的小毛温驯时如猫，迅疾时似鱼。7七月喜获"为学杯·少年作家"殊荣，预计元旦，猫的新作将公开出版发行；这只鱼在课堂上悠悠自在，黑葡萄在眼眶中闪动，马尾巴如鱼尾在教室摇摆，没有一次留堂，没有一次示弱。

九个孩子九首歌曲，每一首都是那么悦耳；

九个孩子九幅画图，每一幅都是那么悦目。

可爱的托福班。

亲爱的朋友，你大概能随着我的笔端多少感受到她的可爱了吧？不是因为她出书我觉得她可爱。

她本身就是一个可爱的孩子：乖巧的脸庞，得体的衣着，甜甜的小嘴；

她真的就是一个可爱的孩子：喜欢国学，爱好国画，擅长舞蹈；

她的确就是一个可爱的孩子：坚持阅读，坚持写作，读写结合。

她的书稿我最先阅读，我读到的不仅仅是文字留下的记忆和快乐，我读到了家长为孩子成长付出的汗水：10多万字，从二年级到六年级，五年如一日，从不间断；我读到了孩子成长的脚步：蹒跚学步，独自迈步，激情跑步。

飞机的轰鸣声将我唤醒，鸟儿的鸣叫将我拖回，就此搁笔。

可爱的人儿——毛弈羽，愿你的脚步更稳更扎实。

2015年9月26日上午9：30 于成都

（备注：本文作者系三省堂托福班语文老师童启福）

后记

我想你会懂

能够看到自己崇拜的人夸赞一个我所喜欢的人，是一件无比享受的乐事！所以，当有幸看到本书中揭晓兮老师、冯裕敏老师、童启福老师对毛弈羽其人、其书的评点后，我内心感觉非常舒服的同时，也清楚地意识到，这篇后记，无论我如何下笔，都略显多余。

但既然被要求非"记"不可，那我就说几句大家都能懂的话吧！

首先是对参与本书出版的"大家"说：之所以称各位为"大家"，一是确实人员众多；二是真有大家名流参与其中。毛弈羽的父母文化底蕴深厚，妈妈的文章饱含真情，爸爸的文章彰显大爱。毛弈羽的老师也是名家汇集，国学老师揭晓兮老师的教学博文强识、达德体仁，趣理作文创立者冯裕敏老师、生态课堂倡导者童启福老师、班主任甘艺琳老师都是德高望重的好老师，还有为本书操劳的现代出版社责任编辑陈世忠老师和排版设计方弟平老师。这样一批"名师"和毛弈羽这位"高徒"相映生辉，只是为了实现毛弈羽父母一个小小的心愿，只是为了能在毛弈羽小学毕业之际送给她一份特殊的礼物，大家便走到一起，愿意"众星"捧起毛弈羽这轮明"月"，乐于为毛弈羽这面"锦"添上"花"，这是毛弈羽的幸运，也是大家的幸福。

大家都能倾其一技之长，以成人之美的心胸和情怀，达成这件皆大欢喜的好事，我身在其中，内心充满着暖暖的感动。如果你能懂，也许会收获更多的不同！

其次是对亲爱的读者说：俗话说"书成遗憾成"，文章一旦白纸黑字地印在纸上，回头再看，总会或多或少地发现一些遗憾，因为要求的眼光和成长的水平在提升。编辑本书的人，都是抱着和作者一样的目的，努力使书中的遗憾减少一点、再减少一点。况且作者并无刻意在著书立说，选择这样一种特殊的方式，只是为了实现一个最单纯的梦想：记录时光，回味成长。从而也能够便于更多的人亲近书香，一起分享作者那来自生活中最真、最纯的轻言和细雨。我们真诚地希望，无论每一位读者，以怎样的眼光和心态去触摸作者的文字、或生活、或内心，我们都不要忘了，作者还只是一个孩子。她只是一个和你一样大、或和你的学生一样大、或和你的孩子一样大的孩子。在这个时期，她需要你所需要的、或你的学生、或你的孩子所需要的一样的东西。而这些，都是每一位读者所能够给予她的。

如果你不爱她，请饶恕她的痛苦；如果你爱她，请饶恕她的快乐。如果你能懂，我替作者谢谢你！

最后是对作者毛弈羽说：兜儿，请允许我像你的父母一样称呼你的小名，因为我同样爱你。在这个世界上，就像没有无缘无故的恨一样，也没有无缘无故的爱，你的"天时"是这个国家和时代给予你的，你的"地利"是这个社会和家庭给予你的，你的"人和"是你的父母和你自身的努力一起创造的。一个人的光明之路，总是汇聚着太多人的光芒。你今天能有这样的成绩，自然是一种荣耀，但也不要忘了在你飞翔翅膀的背后，是太多爱你的人为你插上一片片羽毛。他们为你付出的精力和辛劳，远比你看到的、甚至想到的，还要多很多很多。大家对你的呵护和爱戴，希望你能够懂得珍惜和感恩。不管是现在，哪怕是将来。出版这本书，只是记录你成长中极小的一段时光，还不算是人生的里程碑和所谓的成功，因为未来，你还将面对和拥有更加丰富的人生，你的路还很长、很远。

这应该是每一位读者和有幸出现在你书中的人，对你最大的期许和祝愿！如果你能懂，爱你的人就没有白白受苦！

懂与不懂，人生才大有不同。

孔 涛

2015年12月8日 于北京

（备注：本文作者系"为学杯"全国创新作文大赛组委会主任）